Emmanuel Bringuier

TENNIS 2023

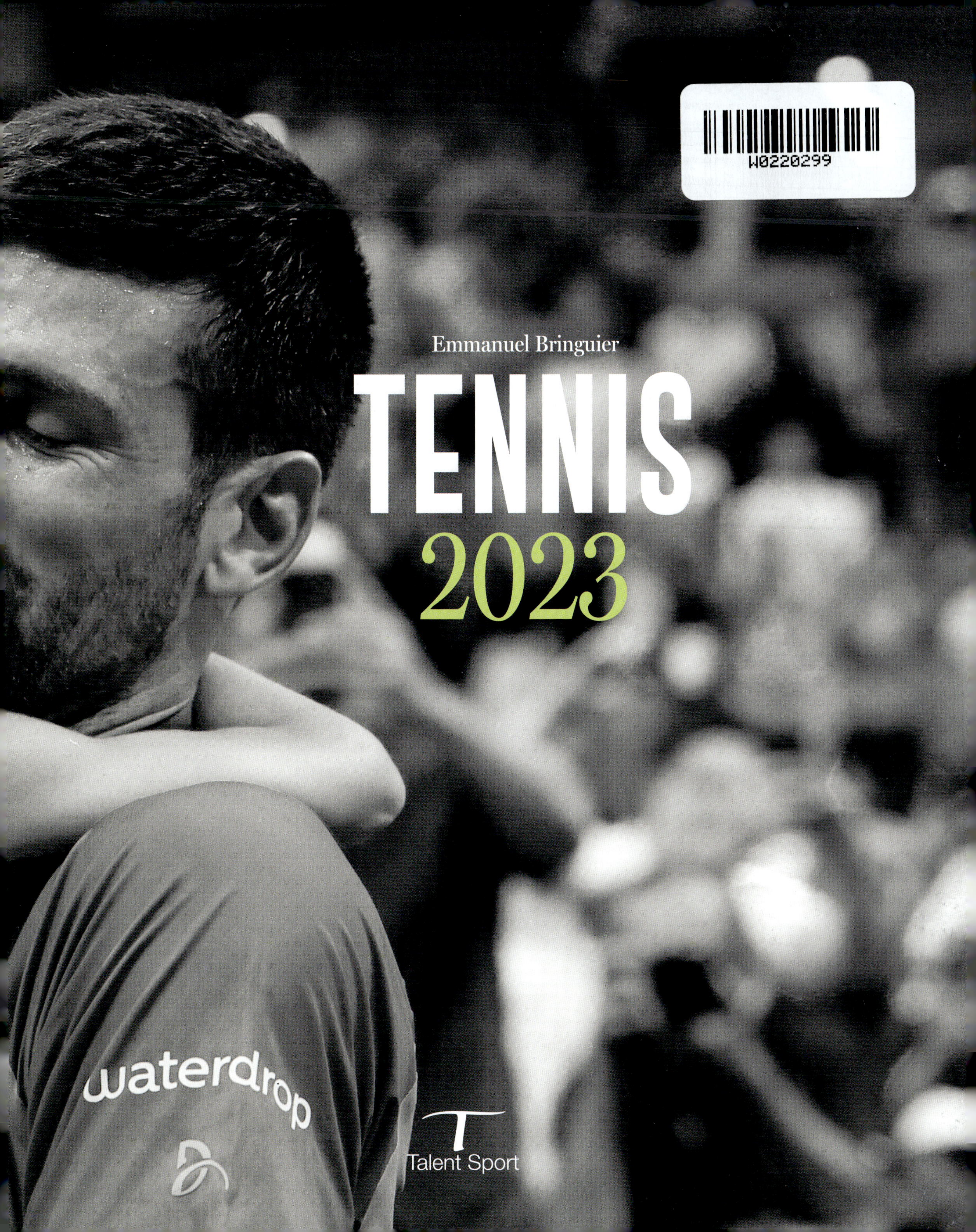

Talent Sport

TALENT ÉDITIONS
115 rue de l'Abbé Groult,
75015 Paris

Couverture et conception graphique
Trémas (Fanny Druïlle)

Exécution graphique
Damien Hervé

Crédits photographiques
© AFP et © Icon Sport

ISBN : 978-2-37815-341-0

Achevé d'imprimer en octobre 2023 par SEPEC AGM en France
Dépôt légal : Novembre 2023 - N° d'impression: SA19387230711

Emmanuel Bringuier

TENNIS 2023

Talent Sport

SOMMAIRE

MESSIEURS

DAMES

LES GRANDES DATES DE LA SAISON

Mois après mois, retrouvez en un coup d'œil le panorama des moments forts de la saison de tennis 2022. La plupart de ces faits marquants sont développés en détail au fil des pages de ce livre.

Janvier

Les États-Unis triomphent à la **United Cup**, une compétition mixte qui connaît sa première édition. Les Américains, emmenés notamment par Taylor Fritz, Jessica Pegula, Frances Tiafoe et Madisons Keys, survolent la phase finale en expédiant la Pologne (5-0) puis l'Italie (4-0).

À Adélaïde, **Novak Djokovic** doit sauver une balle de match en finale face à Sebastian Korda mais c'est bien le Serbe qui étrenne le palmarès des tournois ATP 2023 (**92e titre de sa carrière**). Côté WTA, ce sont aussi des cadors qui confisquent les premiers titres de l'année : Aryna Sabalenka s'impose à Adélaïde, tandis que Coco Gauff remporte le tournoi d'Auckland.

Expulsé du territoire Australie l'an passé à la suite d'un feuilleton hors-norme, Novak Djokovic retrouve sa couronne de roi de Melbourne en remportant un **10e Australian Open**. Il maîtrise ses émotions et le talent de Tsitsipás en finale pour décrocher un **22e titre en Grand Chelem**, soit autant que son rival Rafael Nadal.

Pour sa première finale en Grand Chelem, Aryna Sabalenka renverse Elena Rybakina et s'impose à l'Open d'Australie. La Biélorusse, souvent annoncée parmi les favorites mais jusque-là absente des très grands rendez-vous, entre enfin dans le cercle des **championnes en Majeurs**.

La Fédération internationale de tennis annonce dans un communiqué qu'elle met un terme à son partenariat avec l'entreprise Kosmos pour l'organisation de la Coupe Davis. C'est la fin d'une association très controversée qui durait depuis 2018 et était censée lier les deux parties pour 25 ans. Le flou persiste sur le futur format de cette épreuve, tombée depuis dans un relatif anonymat.

Titré à Auckland, **Richard Gasquet** repousse les limites du temps, devenant le Français le plus âgé à remporter un tournoi ATP dans l'ère Open. Le Biterrois de trente-six ans dépasse Fabrice Santoro, qui en avait trente-cinq lorsqu'il gagné le trophée de Newport 2008.

Février

Wu Yibing écrit l'histoire du tennis masculin en devenant le **premier joueur chinois** à remporter une épreuve de l'ATP, au tournoi de Dallas. Très prometteur chez les juniors, il a vu sa progression être freinée par des blessures. Au Texas, le joueur de vingt-trois ans écarte tout à tour quatre têtes de série : Denis Shapovalov, Adrian Mannarino, Taylor Fritz, puis le vétéran John Isner dans une **finale haletante** en trois tie-breaks.

trente-trois ans et demi, 784e à l'ATP, un emploi à plein temps dans la finance à côté du tennis… À Delray Beach, le Croate Matija Pecotic remporte pour la première fois un match sur le circuit principal. Et en battant un ex-top 10 en prime, Jack Sock. Incroyable mais vrai. « J'ai dû envoyer un mail à mon équipe. Mon patron m'a donné un jour de congé. Je vais devoir en demander un autre pour demain », a expliqué le joueur-employé, passé par Princeton et Harvard.

En passant une 378e semaine sur le trône de l'ATP, Novak Djokovic signe un **record absolu**. Il devient le joueur, femmes et hommes confondus, ayant passé le plus de temps à la **première place mondiale**, devant l'Allemande Steffi Graf (377 semaines). Il avait dépossédé Roger Federer du record masculin en 2011, le Suisse s'étant arrêté à 310.

Mars Chassé-croisé aux États-Unis : Carlos Alcaraz décroche son 3e titre en Masters 1000 à Indian Wells après une victoire sur Daniil Medvedev en finale. Le Russe rebondit immédiatement en remportant Miami grâce à une ultime victoire face à Jannik Sinner. C'est le **4e titre** en un mois et demi pour le Moscovite (après Rotterdam, Dubaï et Doha).

Elena Rybakina impressionne sur le ciment américain : la Kazakhstanaise s'impose à Indian Wells et atteint la finale à Miami, où elle doit cependant laisser le titre à Petra Kvitová. À trente-trois ans, la Tchèque remporte en Floride un 30e titre en carrière et son premier WTA 1000 depuis cinq ans.

Alors que la guerre en Ukraine se poursuit, Wimbledon adoucit sa position envers les joueurs russes et biélorusses. Après les avoir bannis en 2022, le Majeur britannique annonce accepter « sous conditions » leur participation cette année. Ils doivent jouer sous bannière neutre et ne pas exprimer de soutien à l'invasion russe.

Avril Andrey Rublev s'adjuge le plus beau tournoi de sa carrière à Monte-Carlo. Le Moscovite au jeu puissant et fiévreux, mais souvent rattrapé par ses nerfs, a cette fois su maîtriser son émotivité pour dominer Holger Rune et d'offrir un premier **Masters 1000 sur le Rocher**.

La WTA annonce la reprise des tournois en Chine malgré les incertitudes autour de l'affaire Peng Shuai. L'association qui organise le circuit professionnel féminin avait quitté le pays asiatique en 2021 à la suite des préoccupations concernant la sécurité de la joueuse chinoise, ancienne 14e mondiale, qui avait accusé un haut dirigeant chinois d'un rapport sexuel forcé (le message avait ensuite été supprimé). « Nous avons conclu que nous ne parviendrons pas pleinement à atteindre nos objectifs et que ce sont nos joueuses et nos tournois qui, en fin de compte, paieront le prix de ces sacrifices. Pour ces raisons, la WTA lève sa suspension de l'organisation de tournois en République populaire de Chine et reprendra les tournois dans ce pays en septembre prochain. »

Mai Et le chassé-croisé recommence… Comme lors de la tournée américaine de mars, **Carlos Alcaraz** et Daniil Medvedev se partagent les Masters 1000 sur terre battue de mai. Si la victoire de l'Espagnol sur ses terres, à Madrid, était presque attendue, le Russe surprend **la planète tennis** en remportant Rome avec l'assurance d'un vieux briscard de la terre battue. Un scénario qui semblait encore inconcevable il y a peu tant le joueur clame son désamour de l'ocre depuis des années.

À l'issue d'une finale splendide, Aryna Sabalenka surprend elle aussi son monde en venant battre la **n° 1 mondiale** Iga Swiatek sur « sa » surface, à Madrid. C'est la première fois que la Biélorusse domine la Polonaise sur terre battue. Elena Rybakina s'adjuge quant à elle le titre à Rome après l'abandon de la finaliste surprise, l'Ukrainienne Anhelina Kalinina.

ıns sa Rafa Nadal Academy de Manacor, ıomme aux 14 Roland-Garros, le visage ave, a annoncé qu'il ne pourrait défendre sa ıronne.

En guerrière compagnie, Richard Gasquet a pris part aux coutumes locales après sa victoire à Auckland.

En dépit de la pression, Coco Gauff a accompli le destin que tout le monde lui prédisait.

Ci-dessus :

Les sourires étaient de sortie à la fin du match. Mais la baston fut brutale entre ces deux immenses joueurs qui régalent le public à chaque confrontation.

Pour la première fois, ces tournois Masters / WTA 1000 de Madrid et Rome avaient lieu à cheval sur deux semaines et accueillaient un tableau de 96 joueurs (contre 56 auparavant).

Rafael Nadal, n'ayant pas disputé de match depuis janvier et son élimination à Melbourne, annonce en conférence de presse qu'il ne jouera pas Roland-Garros. C'est la première fois depuis 2005 qu'il renonce à participer au Grand Chelem parisien. Entre temps, il a disputé 18 fois le tournoi et l'a remporté à 14 reprises.

Arthur Fils, dix-huit ans, remporte l'ATP 250 de Lyon, tournoi préparatoire à Roland-Garros. Un premier sacre qui s'accompagne d'une entrée dans le **top 100 mondial**. Avec Luca Van Assche et Gabriel Debru, Fils représentent la nouvelle génération prometteuse du **tennis bleu-blanc-rouge**.

Juin

Insatiable, Novak Djokovic s'impose à Roland-Garros. Le Serbe, en contrôle tout au long du tournoi, a écœuré la concurrence et notamment Casper Ruud, qui s'est hissé pour la deuxième fois de suite en finale du Grand Chelem parisien.

Elle aussi commence à collectionner les Majeurs. À seulement vingt-deux ans, Iga Swiatek remporte un 3e Roland-Garros et un 4e titre du Grand Chelem au total. Mais la Polonaise, qui paraissait quasi intouchable ces dernières années, a dû cette fois puiser dans ses réserves pour lever le trophée Suzanne-Lenglen. Retour gagnant pour **Kei Nishikori**. Éloigné des terrains pendant près de deux ans, le Japonais, ancien n° 4 mondial, s'offre un trophée en Challenger (la deuxième division du tennis) pour son retour au haut niveau.

Juillet

Au terme d'une finale mémorable, Carlos Alcaraz renverse Novak Djokovic à **Wimbledon**. Le triomphe de l'Espagnol, déjà vainqueur au Queen's quelques jours avant, confirme son statut de **nouveau maître du circuit** et met fin à une hégémonie ahurissante : septuple vainqueur du tournoi, Djokovic n'avait plus connu ici le goût de la défaite depuis 2017 et un abandon en quart face à Tomáš Berdych.

Comme en 2022, Ons Jabeur se qualifie en finale de Wimbledon. Mais comme en 2022, la Tunisienne passe à côté da première victoire en Majeur. Elle laisse cet honneur à la surprenante Markéta Vondroušová, 42e mondiale. La gauchère tchèque devient la première joueuse non-tête de série à remporter Wimbledon dans l'ère Open.

Le tournoi londonien, pourtant **symbole des traditions** du tennis, évolue. Alors que jusqu'à maintenant la compétition en double messieurs se disputait au meilleur des cinq sets, elle ne se dispute désormais plus qu'en deux sets gagnants.

Août

La 3e est la bonne pour Jannik Sinner. Après deux échecs à Miami (2021 et 2023), l'Italien s'adjuge un premier sacre en Masters 1000 à Toronto après un ultime succès sur Alex de Minaur.

En 49 minutes, l'Américaine Jessica Pegula surclasse Liudmila Samsonova en **finale de Montréal**. Tombeuse de la numéro 1 mondiale Iga Swiatek dans le dernier carré, Pegula confirme aisément cet exploit face à une adversaire qui avait terminé sa demi-finale... deux heures plus tôt (le match avait été décalé en raison de la pluie). Étrange statistique pour la lauréate, âgée de vingt-neuf ans et 3e mondiale : il s'agit seulement de son 3e titre en carrière, après Guadalajara en 2022 et Washington en 2019.

Sans doute touché moralement et physiquement par sa finale perdue à Wimbledon, Novak Djokovic réussit un **retour tonitruant** à Cincinnati. Rebelote en finale : il retrouve son bourreau londonien Carlos Alcaraz, mais cette fois, c'est le Serbe qui sort vainqueur d'un étouffant **bras de fer** et conquiert de haute lutte un 39e titre en Masters 1000. Il s'agit du 4e duel entre les deux hommes et à chaque fois, l'affrontement fut titanesque.

Coco Gauff remporte le 5e et plus beau titre de sa carrière, lors du WTA 1000 de Cincinnati. L'Américaine maîtrise ses nerfs et le tennis de Karolína Muchová dans une finale décousue mais qui pourrait s'annoncer fondatrice pour la carrière de la **prodige américaine**, qui semble déjà une habituée du circuit... à seulement dix-neuf ans.

Septembre

Gauff confirme les – immenses – attentes placées en elle et triomphe à domicile, à l'US Open, devenant la plus jeune Américaine à remporter son Majeur national depuis Serena Williams en 1999. Placée sous le feu des projecteurs depuis son adolescence, la Floridienne fait montre d'une force de caractère remarquable pour triompher. Elle renverse en finale Aryna Sabalenka, mieux partie dans le match, mais qui finit par se noyer dans une cascade de fautes directes. Lot de consolation : la Biélorusse s'empare de la place de n° 1 mondiale pour la première fois de sa carrière.

L'impitoyable quête de Novak Djokovic se poursuit à New York où il conquiert un 24e sacre en Majeur. Très fort, trop fort, le Serbe s'impose face à Daniil Medvedev en finale – prenant au passage sa revanche sur le Russe par rapport à l'année 2021 – et démontre son **intelligence tactique** en faisant évoluer son tennis avec une volonté de raccourcir les échanges et des montées au filet nettement plus nombreuses. Il égale Margaret Court au nombre de tournois du Grand Chelem remportés. Désormais, plus personne n'est devant lui au niveau de ce record, le plus prestigieux du tennis.

Open d'Australie

InDIXstructible

Novak Djokovic, envers et contre tout. Banni du tournoi l'an passé au terme d'un imbroglio médico-judiciaire, puis blessé aux ischio-jambiers cette année, le Serbe remporte pourtant l'Open d'Australie pour la 10e fois de sa carrière, en autant de finales. Un record absolu et un triomphe qui n'a souffert d'aucune contestation, tant Djoko semblait au-dessus de la mêlée. Une statistique donne la mesure de son omnipotence aux antipodes : le Serbe n'a plus perdu un match à Melbourne depuis son 8e de finale en 2018 face à Hyeon Chung. Surtout, dans la course effrénée aux titres majeurs, il rejoint Rafael Nadal et Steffi Graf avec 22 titres du Grand Chelem. En prime, il retrouve le toit du monde et la place de n° 1 mondial.

La rétro

de la quinzaine

La revanche, un plat qui se mange froid

Vainqueur autoritaire de Stéfanos Tsitsipás en finale, Novak Djokovic met la main sur son 10e Open d'Australie et rejoint Nadal en tête de la course aux titres du Grand Chelem avec un 22e trophée. Le Serbe de trente-cinq ans, handicapé par une blessure à la cuisse, monte peu à peu en puissance pendant le tournoi avant de se montrer quasi injouable lors de la deuxième semaine. Après le gigantesque imbroglio de l'an passé lié à sa situation vaccinale, Djokovic prend sa revanche et se montre très ému lors de la cérémonie et parle de « la plus grande victoire de sa vie ». Il en profite également pour retrouver une place qu'il connaît bien : celle de n° 1.

Dix de fer

S'il n'atteint pas (encore) les records insensés de Rafael Nadal à Roland-Garros, Novak Djokovic poursuit lui aussi un règne impitoyable dans le continent océanien. Cette 10e victoire, en autant de finales, lui permet de laisser très loin dans le rétro Roger Federer et Roy Emerson, six titres chacun.

Tsitsipás, seul avec ses regrets

Après Roland-Garros 2021, Stéfanos Tsitsipás concède une nouvelle défaite en finale de Grand Chelem. Et une fois de plus, c'est Novak Djokovic qui lui a bloqué la route. Le Grec, qui pouvait accéder au trône de n° 1 en cas de victoire finale, n'a pas démérité à Melbourne, rivalisant nettement plus avec le Serbe que les adversaires précédents. Mais lui aussi a dû admettre la supériorité du Belgradois. Si le Grec se montre souvent à son avantage dans les rendez-vous, la route reste longue jusqu'à un titre Majeur.

Un tournoi décapité

Coup sur coup, Melbourne perd deux têtes d'affiche. Rafael Nadal, vainqueur en titre et tête de série n° 1, est éjecté du tournoi par Mackenzie McDonald dès le 2e tour, tout comme Casper Ruud, tête de série n° 2, battu par Jenson Brooksby. Melbourne avait déjà dû composer avec le forfait prétournoi du n° 1 mondial, Carlos Alcaraz, victime d'une lésion musculaire à la jambe droite lors d'un entraînement.

Les États-Unis d'Australie

Les États-Unis attendaient ça depuis 14 ans. En atteignant les demi-finales du tableau, Tommy Paul met fin à une longue disette pour le tennis américain masculin qui n'avait plus envoyé un de ses représentants aussi loin dans le tournoi depuis Andy Roddick, en 2009. Les « US » sont à la fête lors du tournoi, puisque deux autres représentants se hissent en quarts de finale : les jeunes Ben Shelton (vingt ans) et Sebastian Korda (vingt-deux ans).

Indestructible (bis)

Il n'a pas remporté l'Open d'Australie, mais Andy Murray continue d'écrire sa légende. L'Écossais remporte deux matchs à Melbourne cette année… et quels matchs ! Il s'offre d'abord Matteo Berrettini, 14e mondial, avant d'avoir le dernier mot dans un match inoubliable face à Thanasi Kokkinakis. Qu'on se le dise : le Britannique ne gagnera sans doute plus jamais de tournois du Grand Chelem, mais son courage et sa rage de vaincre sont toujours d'actualité.

Une première australienne

Les vainqueurs en double messieurs de l'an passé, Nick Kyrgios et Thanasi Kokkinakis, doivent renoncer à défendre leur titre du fait de la blessure du premier. Mais leur succession est assurée par un autre duo australien : Rinky Hijikata et Jason Kubler, invités par le tournoi, remportent le tournoi en surprenant tous les favoris sur leur route. En finale, ils battent une autre paire de « novices », le Français Hugo Nys (qui représente Monaco depuis 2019) et le Polonais Jan Zielinski. Il s'agit du tout premier titre ATP en double pour Hijikata/Kubler.

Si le jeu moderne penche nettement du côté du revers à deux mains, Tsitsipas fait perdurer au plus haut niveau l'usage de ce coup si esthétique.

Un de perdu, dix de retrouvés ?

Un an pour méditer sur sa vengeance, ça laisse le temps de bien la préparer non ? Remontons en effet douze mois en arrière. Le 16 janvier 2022, tête basse, Novak Djokovic quitte l'Australie, expulsé du pays en raison de sa non-vaccination contre le Covid-19. Pour couronner le tout, le Serbe est également interdit de visa australien pour trois ans. Un fiasco total pour un joueur qui se présentait comme l'immense favori du tournoi. Un épisode hallucinant qui a largement dépassé les frontières sportives, se retrouvant au cœur d'une bataille médiatique et politico-judiciaire.

Mais Djoko n'est pas fait du même bois que le reste de l'humanité. En novembre, on apprend que, au vu de l'évolution de la situation sanitaire, son interdiction de visa est levée par les autorités australiennes. Le Serbe est donc la permission de poursuivre sa légende australe... même si le passé ne pourra jamais être effacé. « Cela fait partie des choses qui ne vous lâchent pas, qui restent en vous pour, je suppose, le restant de vos jours », confia-t-il d'abord avant le tournoi. « Comme je l'ai dit, je n'avais jamais connu une chose pareille, et j'espère ne plus jamais y être confronté. » Précisant ensuite vouloir « aller de l'avant ».

Le Serbe tient parole : il va de l'avant, à grandes enjambées même. Son entrée en matière a été relativement timide, avec notamment un set concédé face au vaillant Enzo Couacaud au 2e tour. Mais ensuite, le Belgradois est monté en puissance, retrouvant sa faculté de raccourcir les points en coup droit comme en revers, et reconstruisant sa confiance en soi quasi inébranlable. Grigor Dimitrov, Alex De Minaur, Andrey Rublev, Tommy Paul et enfin Stéfanos Tsitsipás : tous ont été matés en trois sets par la poigne de fer du Belgradois. Le trophée, en vérité, n'a jamais semblé pouvoir lui échapper.

Il convient toutefois de ne pas oublier que Djokovic est passé par toutes sortes d'émotions durant ce tournoi. D'abord parce qu'il a dû composer avec une blessure à la cuisse gauche durant le début de la quinzaine, se montrant tantôt rassurant, tantôt clairement alarmiste. Quelques jours après la finale, Craig Tiley, directeur de l'Open d'Australie, a confié que le Serbe avait joué avec une déchirure de trois centimètres à l'ischio-jambier gauche. Une blessure qui a suscité des doutes dans le monde du tennis. « Novak souffre parfois d'une mauvaise réputation, il y a eu beaucoup de spéculations. Mais en fin de compte, je ne pense pas que quiconque puisse remettre en question la manière dont il gère son corps », a assuré le patron de l'Australian Open.

Après son quart de finale, Djokovic a ensuite dû gérer mentalement une autre affaire extrasportive

Page de gauche :

Stéfanos Tsitsipás est très loin d'avoir démérité en finale. Il est simplement tombé sur un adversaire exceptionnel. « Il n'y a rien que j'aurais pu mieux faire », a analysé le Grec. « Novak est un joueur qui repousse vos limites. Je ne vois pas ça comme une malédiction. Se faire battre par lui et de cette manière est toujours une bonne leçon. Il a fait de moi un meilleur joueur. »
Banni l'an passé à la suite de son statut vaccinal, l'homme élastique était de retour cette année. Et personne n'a pu l'arrêter.

Murray, au service secret de Sa Majesté (tennis)

Le plus parlant, sans doute, pour connaître l'aura d'un joueur est de demander leur avis à ses contempteurs. « Murray, il a un jeu un peu chiant parfois, non ? Mais quel guerrier... » La persévérance de l'Écossais, passé par toutes les épreuves après sa lourde opération de la hanche en 2019, force l'admiration. À trente-six ans, après avoir conquis trois Grands Chelems, deux médailles d'or olympique, siégé sur le trône de n° 1 mondial, Sir Andy pourrait tout à fait raccrocher ses raquettes, couler des jours paisibles et apaisants, en profitant de son *prize money* et de ses quatre enfants. Mais non, c'est plus fort que lui : il se bat encore et toujours. À Melbourne, dans ce tournoi qui s'est si souvent refusé à lui (5 fois finaliste en 2010, 2011, 2013, 2015, 2016), Murray s'est même permis d'ajouter deux nouveaux chapitres à sa légende.

Au premier tour, il a dominé l'Italien Matteo Berrettini, 14e mondial. Au départ assez quelconque, le duel s'est peu à peu transformé en récit épique dans la deuxième partie du match. Après avoir mené deux sets à zéro, Murray a vu son adversaire revenir, revenir. Le tennis de puncheur de Berrettini, aux épaules de boxeur catégorie poids lourds, a fait vaciller l'Écossais. Mais pas suffisamment. Murray plie mais ne rompt pas. Sauvant une balle de match au passage, il a fini par arracher la victoire en 5 manches (6/3, 6/3, 4/6, 6/7(7), 7/6(6)) après 4h 49 de baston.

Mais le plus fou dans cette affaire... est qu'il a récidivé. Au 2e tour, dans une ambiance surréaliste, il a fini par dominer l'Australien Thanasi Kokkinakis, au terme d'un match insensé qui a duré 5 h 45 de jeu (4/6, 6/7 [4], 7/6 [5], 6/3, 7/5).

Le « Kok » pourra difficilement se reprocher quelque chose au niveau de son jeu. Avec 102 (oui, 102 !) coups gagnants et 37 aces, il a suscité le délire des fans dans une Margaret Court Arena en fusion. Mais comment ne pas ruminer une montagne de regrets quand on mène 6/4, 7/6, 5/2 ? Il n'y a pas beaucoup d'autres personnes qu'Andy Murray qui auraient cru encore à l'exploit à ce moment-là de la rencontre. Un point ahurissant résume le match et la carrière mieux que tout : au début du 3e set, l'Écossais sort plusieurs défenses invraisemblables, remet en jeu trois smashs avoir de voir son adversaire craquer. Kokkinakis en fracassera sa raquette de rage.

À 4 h 05 du matin, Andy Murray a levé les bras au ciel. Pour la 11e fois de sa carrière, le Britannique venait de tout renverser lors d'un match où il était mené deux manches à rien. « Il y a eu tellement de hauts et de bas, de la frustration, de la tension mais aussi de l'excitation. C'est incroyable de gagner ce genre de match, mais maintenant, je veux aller au lit. C'est super, mais je veux dormir », a-t-il coupé en conférence de presse.

Les travaux d'Hercule de Sir Andy ont pris fin au match suivant. Roberto Bautista Agut, pas vraiment connu pour son jeu en filière courte ou pour se laisser embobiner par ses adversaires, a maîtrisé les derniers soubresauts du guerrier écossais. Carbonisé, Murray a donc rendu les armes, non sans encore livrer un drôle de combat de 3 h 30 (6/1, 6/7 [7], 6/3, 6/4). « Je suis déçu parce que j'ai l'impression que j'aurais pu aller beaucoup plus loin », a-t-il estimé peu après. « Je suis capable de faire mieux que le troisième tour d'un Grand Chelem, cela ne fait aucun doute. »

Mais nul doute que dans les mois à venir, l'Écossais offrira encore des moments de bravoure aux amoureux du tennis. La hanche grince, le niveau de jeu n'est forcément plus celui des jeunes années, la récupération est plus lente. Oui, mais la rage de vaincre et la passion de sport restent intactes. Lui qui est devenu le premier Britannique à remporter Wimbledon depuis Fred Perry en 1936, comblant ainsi les colossales attentes qui pesaient sur ses épaules, a encore envie de se battre.

Lors de l'interview d'après-match, juste après la rencontre face à Kokkinakis, Murray s'est permis un trait d'humour *so british*, entre flegme et autodérision. Murray, candidat crédible pour enfiler le costume de James Bond? En tout cas avec lui, nul besoin d'en douter : les diamants sont éternels.

Page de droite :

Au fil des années, Andy Murray est devenu une légende idolâtrée dans le monde entier. S'il n'est « que » la 4e roue du carrosse du Big 4 en termes de résultats, l'Écossais n'en reste pas moins un joueur qui aura marqué son époque par son incroyable sens du combat.

Exceptionnel dur au mal, Murray ne lâche rien sur un court. Même à trente-six ans passés, même avec une hanche en métal.

Grand espoir du tennis à la carrière malheureusement entrecoupée de blessures, Thanasi Kokkinakis a livré une rencontre fantastique au 2e tour. Face à 99,9 % des joueurs, il aurait probablement gagné le match en trois sets. Mais pas contre Andy Murray.

Grumpy (bougon) Murray ? Sans nul doute, mais ça fait aussi partie du charme du personnage.

Roland-Garros

SEUL SUR TERRE

Dans l'immense grimoire de victoires et de titres de Novak Djokovic, cette page-là brillera à jamais d'une lueur particulière. En triomphant de Casper Ruud en finale de Roland-Garros, le Serbe s'est non seulement adjugé un troisième titre parisien après ses triomphes en 2016 et en 2021. Mais il est également devenu le seul recordman des victoires en Grand Chelem chez les hommes, avec un 23e titre (son 94e trophée sur le circuit en tout). Il dépasse désormais Rafael Nadal, forfait pour « son » tournoi, d'une unité. Il est par ailleurs le premier joueur dans l'histoire du tennis masculin à avoir gagné chacun des quatre tournois du Grand Chelem au moins trois fois. En l'espace d'une grosse décennie, le Belgradois a mis au pas la planète tennis et s'est arrogé une bonne partie des records les plus marquants. Et à trente-six printemps, sa quête inexorable d'éternité semble encore loin de toucher à sa fin.

La rétro de la quinzaine

Djoko tout en haut

La voie était libre, il s'y est engouffré. « Débarrassé » de Rafael Nadal, Novak Djokovic n'a laissé personne lui voler la vedette à Roland-Garros 2023. En contrôle, le Serbe n'a pas toujours joué à un niveau transcendant à Paris, mais il a su monter le curseur dans le *money time*, notamment lors de ses tie-breaks face à Davidovich Fokina et Khachanov, pour décrocher un 23e triomphe en Grand Chelem. Historique, encore.

Ci-dessus :

Match intense et spectaculaire, le duel entre Carlos Alcaraz et Novak n'a malheureusement duré que deux sets. Le temps pour le Serbe de montrer qu'il ne céderait rien à son jeune rival. « J'ai joué le meilleur match de mon tournoi au bon moment », a résumé Djoko.

Le nombre d'or

Eh oui, 23. Pour la première fois de sa carrière, Djokovic devient le seul détenteur du record masculin de titres en Grand Chelem. Longtemps dans l'ombre envahissante de Federer et Nadal, il a depuis longtemps laissé le premier loin dans son rétroviseur et grille désormais la priorité au second, qui reste coincé à 22 Majeurs. Djokovic ne possède cependant pas le record absolu de titres Majeurs. Serena Williams en compte également 23 et l'Australienne Margaret Court reste devant avec 24 titres. Mais la course n'est pas encore terminée.

Ruud coriace mais encore perdant

Casper Ruud confirme qu'il faut bien compter sur lui dans les tournois du Grand Chelem, malgré un début de saison 2023 relativement discret. Après Roland-Garros et l'US Open 2022, le Norvégien atteint une nouvelle fois la finale d'un Majeur. Il s'y montre nettement moins emprunté que l'an passé face à Nadal, mais le résultat est le même : une défaite en trois sets.

Un blockbuster efficace mais trop court

Le tournoi est marqué par un match haletant, l'affiche suprême : Djokovic-Alcaraz. Le blockbuster que tout le monde attend tient toutes ses promesses... pendant deux sets. Deux sets en haute altitude où les deux cadors se rendent coup pour coup. Mais alors qu'il vient d'égaliser à un set partout, Carlos Alcaraz se blesse sur un coup droit qui semble anecdotique. Victime de crampes, le Murcien ne peut plus défendre ses chances et prend l'eau dans les deux dernières manches (6/3, 5/7, 6/1, 6/1). Il laisse Djokovic rejoindre sa 34e finale en Grand Chelem.

Medvedev sonné d'entrée

Après sa surprenante victoire à Rome, Daniil Medvedev, qui a rarement manqué de dire à quel point il n'appréciait pas la terre battue, endosse le costume d'outsider du tournoi. Mais le Moscovite se prend les pieds dans le tapis dès le premier tour, saoulé de coups gagnants par le Brésilien Thiago Seyboth Wild dans un match au scénario rocambolesque (7/6 (5), 6/7 (6), 2/6, 6/3, 6/4). Depuis 2000, et la défaite de Pete Sampras contre Mark Philippoussis en 2000, jamais une des deux premières têtes de série du tableau masculin n'avait disparu lors de son entrée en lice.

Du jeu, du jeu, du jeu

Le premier tour de la quinzaine parisienne offre une véritable orgie de tennis : 21 matchs s'étirent jusqu'au 5e set, un record dans l'ère Open.

Des qualifs bouillantes

Les Français, qui ne comptent aucun membre du top 20, ne réussissent pas de miracles du côté de la porte d'Auteuil, à l'exception notable du « revenant » Gaël Monfils qui offre un spectacle irréel au cœur de la nuit lors de son premier tour face à Sebastian Baez. Mais les Bleus auront grandement animé le tableau des qualifications, avec notamment de superbes ambiances sur le court 14 pour les matchs de Lucas Pouille et de Fiona Ferro.

Dodig et Krajicek tiennent leur revanche

Tombeurs des Belges Sander Gille et Joran Vliegen, Ivan Dodig et Austin Krajicek décrochent le titre dans le tableau double messieurs. Le Croate et l'Américain exorcisent les démons de l'an passé où ils avaient perdu la finale après avoir eu trois balles de match. C'est leur 6e titre ensemble, le 3e sacre pour le Croate en Grand Chelem (Roland-Garros 2015 avec le Brésilien Marcelo Melo et l'Open d'Australie 2021 avec le Slovaque Filip Polášek) mais le premier pour l'Américain. À l'issue du tournoi, Austin Krajicek devient d'ailleurs numéro 1 du classement ATP pour la première fois de sa carrière.

Le Superman Djokovic à l'assaut de tous les records.

Tous derrière et lui devant

Il y avait du beau monde dans les tribunes du stade Philippe-Chatrier ce 11 juin 2023. Le soleil était au rendez-vous, les stars aussi. Les caméras de télévision s'en donnaient à cœur joie pour montrer les visages plus ou moins souriants des stars françaises ou internationales (Kylian Mbappé ou Tom Brady). Tous étaient là pour une raison : voir l'Histoire s'écrire sous leurs yeux. Et c'est exactement ce qu'il se passa.

La beauté est bien sûr subjective, mais il faut rester honnête : Djokovic-Ruud ne fut pas la plus somptueuse des finales jouées à Roland-Garros. Trois sets, dont un deuxième assez disputé et d'un très bon niveau. Mais pour le reste, ce fut un scénario sans une once de suspense. Sans faire injure à Casper Ruud, qui fut loin d'être un faire-valoir et a tenté de déstabiliser comme il pouvait le Serbe, on ne voyait pas comment le match pouvait échapper au glouton Novak Djokovic. « C'est très difficile de gagner chaque point contre Novak, il lit très bien le jeu », a soufflé le finaliste norvégien, aussi fair-play qu'admiratif. « Il a joué tellement de matchs qu'il sait où et quand il doit élever son niveau. C'est un défi permanent de réussir un coup gagnant face à lui. Tout le mérite lui revient. J'ai tout donné, mais ça n'a pas suffi. »

Dans la foulée d'une préparation sur terre décevante (pour ses standings, évidemment), le Serbe a su élever son niveau de jeu dans les moments importants. Il fut surtout un monstre de sang-froid lorsque sonnait l'heure des tie-breaks. C'est bien simple : sur six joués, il n'en a perdu aucun durant la quinzaine. Et comble du casse-tête pour ses adversaires, il n'a commis aucune faute directe dans ces jeux décisifs. Pour les puristes, allez admirer sur Internet le jeu décisif de la deuxième manche du quart de finale face à Karen Khachanov. Un chef-d'œuvre du genre, le coup juste sur chaque frappe. Le principal intéressé a d'ailleurs estimé avoir joué de « façon parfaite tous les points » à ce moment. Le choc des titans remporté face à Carlos Alcaraz lui a ouvert grand les portes de l'Histoire et il a foncé ensuite sur un 23e sacre en Majeur.

En 2008, lorsqu'il remporte son premier Majeur, à l'Open d'Australie, Novak Djokovic est déjà un grand joueur. Mais il n'est que le n° 3, derrière le maestro suisse et le virevoltant Espagnol. Les saisons suivantes le confirment d'ailleurs et à la fin de l'année 2010, le tableau des médailles est on ne peut clair : Roger Federer écrase la concurrence avec 16 titres, Rafael Nadal reste dans la course grâce à Roland-Garros et en comptabilise 9. Djokovic, n'en compte alors... toujours qu'un.

Mais 2011 va tout changer. Le Serbe va se transformer en machine à gagner et surtout à gagner là où cela compte. Dans la foulée de son petit Chelem en 2011, il a accumulé les trophées au mieux, les finales au pire. À l'exception d'une année 2017 traversée comme un fantôme (conséquence de sa victoire à Roland-Garros 2016), le Djoker est un monstre de régularité, présent dans les grands rendez-vous chaque année. Dans les tournois qui comptent pour la légende du jeu et surtout ceux

auxquels il peut participer, sa domination est totale. À l'issue de la quinzaine parisienne, il se trouvait détenteur de trois des quatre derniers Majeurs disputés (Wimbledon 2022, Open d'Australie 2023 et Roland-Garros 2023). Seul lui manquait l'US Open 2022, auquel il n'a pas pu participer en raison de son statut vaccinal. En quelques mots comme en cent, sa domination est quasi totale, malgré l'avènement du surdoué Carlos Alcaraz. De l'omnipotent Big Four devenu ensuite Big 3, il semble le mieux parti pour être sur la plus haute marche de ce podium royal.

« Je ne veux pas affirmer que je suis le plus grand, ce serait manquer de respect à des champions qui ont marqué les ères précédentes. Je laisse ce débat à d'autres. Cela dit, ce trophée est une nouvelle confirmation de la qualité du tennis que je suis encore capable de produire », a confié le Serbe. Dont l'appétit est loin d'être rassasié.

RIER
Emirates FLY BETTER
PARIBAS
BNP PARIBAS

Emirates
Haier

23. Pour un joueur assoiffé de records comme lui, ce nombre récompense des années et des années d'efforts, de doutes, et de perfectionnement. C'est l'accomplissement d'une longue quête pour le natif de Belgrade, que personne sauf lui probablement, ne voyait titiller les deux monstres sacrés de son sport.

Comme souvent en finale du prestigieux tournoi parisien, les stars étaient de sortie.

Tom Brady, joueur de football américain le plus titré de l'Histoire, était présent aux côtés de Jelena Djokovic.

L'ombre du Majorquin a plané sur le début de la quinzaine. L'absence du « Roi Soleil », qui n'avait pas manqué le tournoi depuis 2004, a rebattu les cartes dans le tableau.

L'anomalie temporelle

Son absence a parfois pesé plus lourd que ses surpuissantes frappes liftées. Roi de la terre battue, monarque absolu de l'ocre parisienne, Rafael Nadal n'a pas joué à Roland-Garros édition 2023 et c'est tout un monde qui s'en est trouvé bouleversé. Ce forfait, aussi marquant soit-il, était plus ou moins redouté. Depuis sa défaite au 2e tour de l'Open d'Australie face à Mackenzie McDonald, les spéculations allaient bon train sur l'état de santé de l'Espagnol.

Handicapé par une blessure musculaire tenace à la hanche gauche (muscle ilio-psoas), le Majorquin a vu son absence s'étirer. De quelques semaines, elle est passée à plusieurs mois, de quelques mois, elle est passée à un retour à une date interminée. Forcé de zapper la tournée américaine et son enchaînement Indian Wells – Miami, le roi de la terre pensait-il pouvoir revenir à temps pour jouer sur sa surface fétiche ? Mais là aussi, les communiqués négatifs se sont enchaînés, malgré quelques rumeurs instantes sur son retour.

Et lorsqu'une conférence de presse a été organisée dans son académie, cela ne faisait plus guère de doutes que le ciel avait viré à l'orage au-dessus du clan Nadal. « Je ne vais pas pouvoir jouer Roland-Garros », a-t-il sobrement déclaré. « On n'a pas été capables de trouver une solution au problème rencontré en Australie. Je ne suis pas le genre de joueur qui va participer à Roland-Garros juste pour participer à Roland-Garros. »

Plus accablant encore pour ses fans, le Majorquin, trente-sept ans cette année, a laissé entendre que la fin de sa carrière approchait à grands pas. « L'année prochaine sera sans doute ma dernière année. Mon idée et ma motivation sont d'essayer de profiter une dernière fois du circuit et de dire au revoir à tous les tournois qui sont importants pour moi. Les Jeux olympiques (dont l'épreuve de tennis aura lieu à Roland-Garros) en font partie, mais je ne peux pas dire encore si ce sera mon dernier tournoi ou pas. » Un baroud d'honneur et quelques paquets de mouchoirs sont donc à prévoir pour l'an prochain.

L'heure n'est pas au bilan définitif, car sa légende parisienne n'est sans doute pas tout à fait terminée, mais un rappel s'impose : Nadal à Roland-Garros, c'est une suprématie sans commune mesure. Jamais peut-être dans l'histoire du sport, un homme n'aura autant écrasé un événement de sa domination. Sans convoquer la myriade de statistiques hallucinantes inhérentes à sa domination, quatre nombres suffisent à résumer sa mainmise à Paris : 14 titres sur les 18 dernières éditions, 112 victoires sur la terre battue parisienne, pour seulement 3 défaites (deux face à Djokovic, une face à Robin Söderling). Sur la terre battue, la surface la plus exigeante, la plus physique, la plus épuisante, l'exploit dépasse l'entendement. Gagner Roland-Garros est un exploit en soi, alors 14...

Nadal absent, c'est une première depuis 2004. Autant dire une éternité. Cette année-là,

Facebook venait tout juste de naître, les derniers épisodes de *Friends* passaient encore à la télévision américaine, la France regardait le *Bigdil*, Alcaraz était tout juste un nourrisson, Lance Armstrong remportait son 6e Tour de France, Michael Schumacher son 7e Championnat du monde. Instagram n'existait pas et tout le monde faisait encore la conversion en francs au supermarché. Bref, une autre époque.

À l'issue du tournoi 2023, l'Espagnol a perdu tous les points de son triomphe de l'an passé et sort du top 100. Il faisait partie du gratin mondial depuis le 21 avril 2003. À l'époque, il n'avait même pas dix-sept ans. Un autre monde, encore.

Ci-contre :

Un seul être vous manque et tout le tournoi est bouleversé...

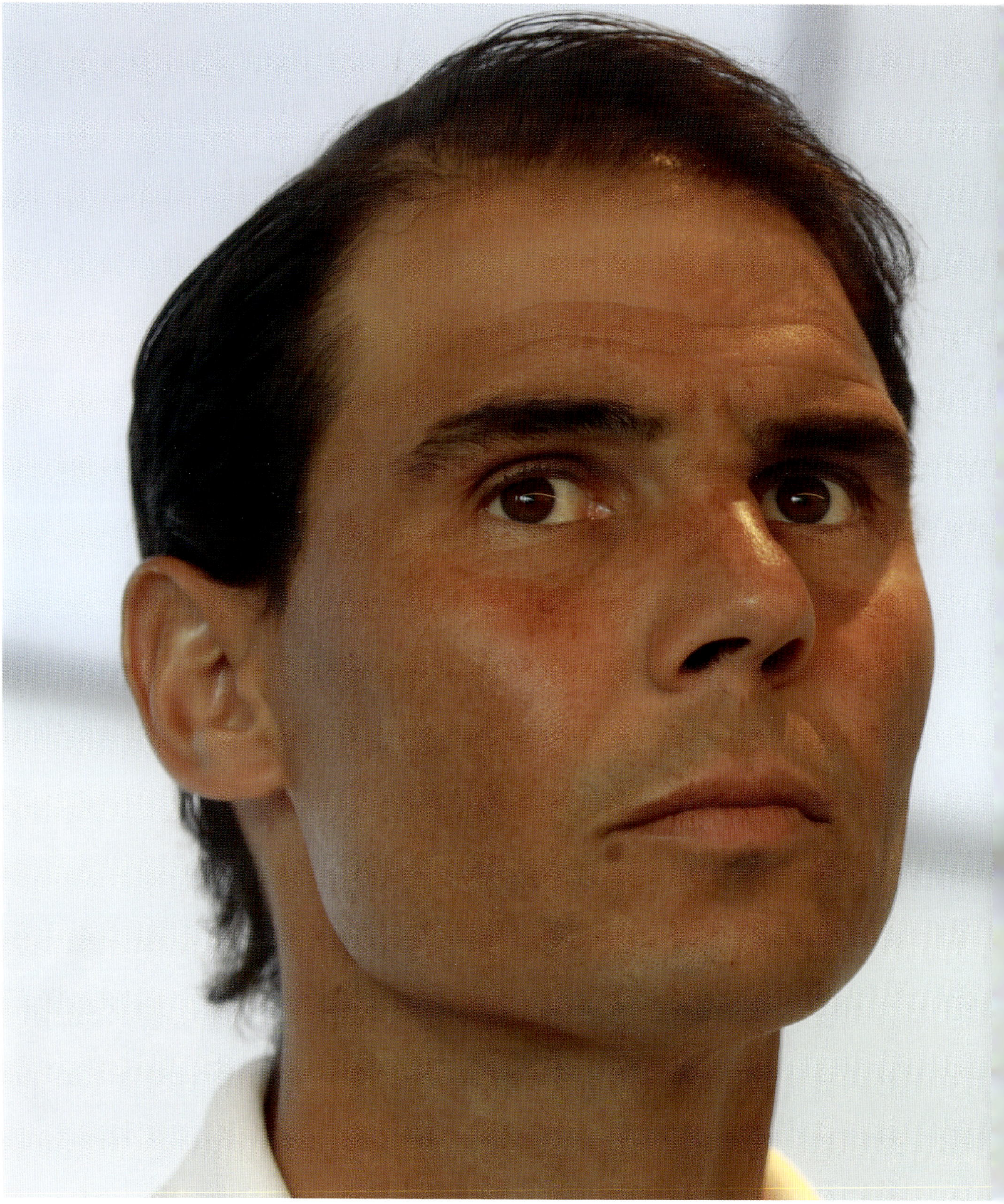

Wimbledon

ALCARAZ, LE RÉGICIDE

Bien sûr, il est difficile de feindre la surprise. Étant donné sa faramineuse trajectoire, ses capacités hors-normes, sa prodigieuse envie de tout croquer, il était attendu de voir Carlos Alcaraz triompher en Grand Chelem, cumuler les titres et les honneurs. Mais de là à le voir gagner Wimbledon, si jeune, sur une surface si particulière et face au maître omnipotent des lieux depuis près d'une décennie… Ce pas de géant est pourtant franchi par l'Espagnol qui triomphe sur le Centre Court londonien en venant à bout de Novak Djokovic lors d'une finale qui tient en haleine la planète tennis. Plutôt attendu sur terre battue, le Murcien de vingt ans remporte finalement ses deux premiers Majeurs sur dur et sur gazon et confirme qu'il est à sa place sur le trône de n°1 mondial. Il est le premier vainqueur à ne pas s'appeler Roger Federer, Rafael Nadal, Novak Djokovic ou Andy Murray depuis plus de 20 ans et la victoire de Lleyton Hewitt en 2002. Définitivement de l'empreinte des très grands !

La rétro de la quinzaine

Battle of the kings

Heureux spectateurs de la finale de Wimbledon 2023. Dans un Centre Court aux anges devant un tel spectacle, Carlos Alcaraz et Novak Djokovic livrent une finale d'anthologie. Mal parti, l'Espagnol renverse la table et le quadruple tenant du titre dans un long mais palpitant thriller de 4 h 42 et cinq manches (1/6, 7/6[6], 6/1, 3/6, 6/4). Il devient le troisième plus jeune champion de « The Championships » derrière Boris Becker et Björn Borg.

La fin d'une ère

Pour Novak Djokovic, c'est la fin d'un long règne sur les courts du All England Lawn Tennis Club. Le Serbe restait sur une série irréelle de 34 victoires de rang à Wimbledon. Depuis un quart de finale en 2017 où il avait dû abandonner face à Tomáš Berdych, il avait fait ce qu'il sait faire de mieux : gagner, remportant au passage quatre éditions (2018, 2019, 2021, 2022). L'aura d'invincibilité de Djokovic était encore plus palpable sur le Centre Court. Le Djoker n'avait plus connu la défaite sur le mythique court principal londonien depuis 2013 et une finale face à Andy Murray. 45 victoires de suite.

Chris fait sauter l'Eubanks

Chris Eubanks est une des sensations du tournoi. L'Américain, tout juste titré à Majorque (victoire face à Adrian Mannarino en finale), se hisse jusqu'en en quart à Londres, seulement battu par Daniil Medvedev. Avec son tennis hyper agressif, il bat le record du nombre de coups gagnants dans le tournoi (321).

Plusieurs autres joueurs « surprises » s'invitent en deuxième semaine : le Russe Roman Safiullin (quarts), le Colombien Daniel Elahi Galan ou encore Alexander Bublik (huitièmes).

Demi-finaliste à Londres pour la première fois de sa carrière, Daniil Medvedev montre qu'il est désormais capable de briller sur toutes les surfaces.

Des jeunes pousses aux racines très solides

Pour la première fois de l'ère Open, deux joueurs de moins de vingt et un ans s'affrontent en demi-finale d'un Grand Chelem. Une affiche de Young Guns prometteuse qui ne tient pas complètement ses promesses, Holger Rune ne parvenant pas à trouver la clef face à Carlos Alcaraz.

Du neuf en double

Le Néerlandais Wesley Koolhof et le Britannique Neal Skupski sont sacrés en double. C'est leur premier titre en Grand Chelem, le 9e de leur association.

Toujours dur pour les Bleus

Le tournoi est difficile pour le contingent français, dont aucun représentant ne se qualifie en deuxième semaine. Au 3e tour, Caroline Garcia semblait avoir pourtant toutes les cartes en main face à Marie Bouzková. Mais la Lyonnaise commet trop d'erreurs pour s'en sortir. Une des seules éclaircies tricolores est venue de Quentin Halys, tombé avec les honneurs face à Jannik Sinner au 3e tour.

Chardy, c'est fini

Parmi les représentants français, Jérémy Chardy dispute le dernier match de sa carrière en simple lors du 1er tour. Des adieux qui ne manquent pas de style sur la prestigieuse scène du Centre Court face à Carlos Alcaraz, n° 1 mondial. Chardy s'incline en trois manches après avoir retrouvé de l'allant dans le dernier set. Le Béarnais, vainqueur de Wimbledon juniors en 2005, a vécu une belle carrière qui l'a mené jusqu'à la 25e place mondiale en 2013. À son actif : un titre ATP (Stuttgart en 2009), une demi-finale en Masters 1000 (Montréal 2015), un quart de finale en Grand Chelem (Open d'Australie 2013), des 8e de finale dans les trois autres Majeurs, et une finale à Roland-Garros en double (en 2020).

Page de gauche :
Jérémy Chardy sort avec les honneurs dans un des plus beaux écrins de la galaxie tennis. En plus de 15 ans de circuit, le Béarnais a connu une carrière remarquable. Il lui aura peut-être manqué une grande victoire marquante à Roland-Garros...

Le prince qui voulait (déjà) être roi

« Je pensais avoir des soucis avec toi sur terre et peut-être sur dur, mais pas sur gazon. Bravo à toi pour avoir su t'adapter aussi vite à cette surface. » En quelques mots élégants, Novak Djokovic a salué son bourreau avant de résumer le phénomène Carlos Alcaraz. Ce gamin, qui n'était encore qu'une promesse il y a deux ans, est devenu en quelques mois le nouveau maître du circuit et une toile qui brille déjà haut au firmament du tennis. Son grand sourire, à la fois innocent et carnassier, s'affiche partout. Et Alcaraz nous a bernés. Alors qu'on l'attendait plutôt comme trouble-fête sur terre battue, le Murcien est déjà un ogre multisurfaces. À seulement vingt ans, il vient de remporter le plus vieux tournoi du monde. Et avec une ultime prestation à couper le souffle.

Alcaraz-Djokovic, c'était donc l'affiche de rêve de ce Wimbledon millésime 2023. La 136e édition de la vénérable compétition a été perturbée par la pluie à son début avant de prendre son envol et de se conclure par le choc des titans. Mais résumons d'abord le parcours des deux hommes avant la finale. Pour Alcaraz, deux sets perdus en route – un contre Nicolas Jarry, un contre Matteo Berrettini –, mais une démonstration de puissance ensuite face à Holger Rune en quart et Daniil Medvedev en demi-finale. Côté serbe, une impression de maîtrise quasi totale malgré deux manches égarées aussi face à des adversaires coriaces (Hubert Hurkacz et Andrey Rublev). Lui aussi a impressionné en demie, renvoyant Jannik Sinner à ses leçons.

Avant la finale, l'avantage psychologique penchait inévitablement côté Djokovic. Certes, il n'était « que » n° 2 mondial, derrière son ultime adversaire. Certes, il n'avait disputé aucun tournoi sur herbe de la saison. Certes, le poids de ses trente-six années finira bien par le rattraper inexorablement. Mais ces considérations ne valaient pas tripette face aux sidérantes statistiques du Serbe sur les courts du Championships : 34 victoires de rang et 4 sacres consécutifs (7 au total). Un appétit gargantuesque menaçant de dévorer le record de Sa Majesté Federer, toujours en haut du palmarès londonien avec ses huit couronnes. Pourtant, ce record tient toujours bon. Car Novak Djokovic n'a pas remporté un 5e Wimbledon consécutif, la faute à un Carlos Alcaraz aussi lumineux qu'intrépide en finale.

Le premier set donnait pourtant l'impression d'une leçon de gestion tactique administrée par le maître serbe à l'élève espagnol. Bousculé par un Djokovic à la précision laser, Carlitos bafouillait son tennis et concédait un sévère 6/1. Mais l'orgueil du champion couvait et le feu a ressurgi peu à peu de la raquette d'Alcaraz. Notamment au cours du tie-break, sans doute le moment clé de ce match. Un exercice plébiscité par le Serbe, jamais aussi fort que dans les moments d'extrême tension. Mais un exercice chéri qui précipitera finalement sa perte. Deux fautes inhabituelles en revers allaient donner à Alcaraz l'occasion d'égaliser presque miraculeusement à un set partout. L'Espagnol ne s'en privera pas et relancera complètement une finale qui semblait lui échapper.

Métamorphosé, le Murcien a alors fait étalage de la pleine mesure de son tennis. Djokovic évoluait aussi à un très haut niveau mais ne pouvait rien face aux fulgurances retrouvées du prodige d'El Palmar qui rendait la monnaie de sa pièce à son adversaire avec un cuisant 6/1. En proie au doute, de moins en moins lucide, Djokovic sauvait pourtant les meubles et enrayait sa chute en se raccrochant aux maigres branches qu'il trouvait. Il finissait par breaker et par revenir à deux manches partout. Un 5e acte aux allures de tragédie pouvait enfin avoir lieu.

Cette cinquième manche, qui s'annonçait étouffante, fut finalement un modèle de gestion des émotions. Mais peut-être pas du côté attendu : après un début de set très indécis et une gigantesque bagarre sur chaque point, Alcaraz est allé chercher un break qu'il a protégé jusqu'au bout grâce à une science du gazon digne des plus vieux briscards. Après 4 h 42 d'un long combat, l'Espagnol pouvait savourer son triomphe royal. Très généreux dans l'effort, capable de jouer son tennis total (frappes surpuissantes des deux côtés, défenses de fer, amorties soyeuses) sur toutes les surfaces, le protégé de Juan Carlos Ferrero a démontré qu'il était de la lignée des plus grands. Car s'il possédait déjà un titre du Grand Chelem, il n'avait pas encore terrassé une légende du jeu pour remporter un Majeur. Battre Djokovic en finale de Wimbledon est un authentique exploit qui le propulse encore plus haut dans la hiérarchie tennistique.

« Ce match restera dans l'Histoire, et on en reparlera encore dans dix ans. C'est le jour où Carlos Alcaraz est devenu grand », a résumé Boris Becker, qui s'y connaît en précocité à Wimbledon puisqu'il reste – doublement – le vainqueur le plus jeune du tournoi (17 ans et 7 mois puis 18 ans et 7 mois l'année suivante).

Car ce qui se dégage de ce match, c'est que le Murcien apprend à une vitesse folle. Qu'il puisse répondre tennistiquement à Djokovic, personne n'en doutait. Qu'il maîtrise aussi vite les subtilités du gazon jusqu'à lever la coupe était une autre paire de manches. Le vainqueur en était presque surpris. « Je ne m'attendais pas à jouer à ce niveau-là. On a beaucoup travaillé pour préparer la saison sur gazon. Mais tout comprendre en si peu de temps... Battre Novak, à son meilleur, ici, c'est écrire l'Histoire. Être le gars qui le bat après dix ans d'invincibilité ici, c'est incroyable. Je n'oublierai jamais ça, c'est sûr. »

Le deuxième point marquant de cette finale est la relative impuissance de Novak Djokovic. Lui le survivor qui a trompé mille fois la mort tennistique, capable de lancer des ogives en retour sur balle de match contre lui face à Federer, l'habitué des victoires à rallonge... Eh bien cette fois, il n'a jamais trouvé la clef pour forcer défensivement le verrou Alcaraz. Un constat qui se double d'un étrange retournement de situation : alors qu'à Roland-Garros, c'est lui avait poussé Alcaraz a des crampes de tension, à Wimbledon, le Serbe flanche physiquement et se montre moins réaliste qu'à l'accoutumée, perdant le bras de fer psychologique.

Quoi qu'il en soit, ce match a gravé dans le marbre la légende des deux joueurs. Alcaraz-Djokovic est désormais l'affiche de rêve attendue dans chaque tournoi Majeur. L'ère du Big Four est révolue, place à celle du Big Two. Sous l'œil attentif de William Windsor, destiné à régner un jour sur les terres britanniques et présent dans la royal box avec sa famille, un jeune prince s'est emparé du sceptre et s'est déjà couronné roi. Mais il va devoir livrer encore moult batailles s'il souhaite le conserver.

Venir à bout de Novak Djokovic à Wimbledon est un exploit XXL, le plus grand exploit de la carrière d'Alcaraz pour le moment. Le Serbe n'avait plus perdu ici depuis 2017.

Toujours très spectaculaire, le style de Carlos Alcaraz a fait des ravages durant la saison sur gazon.

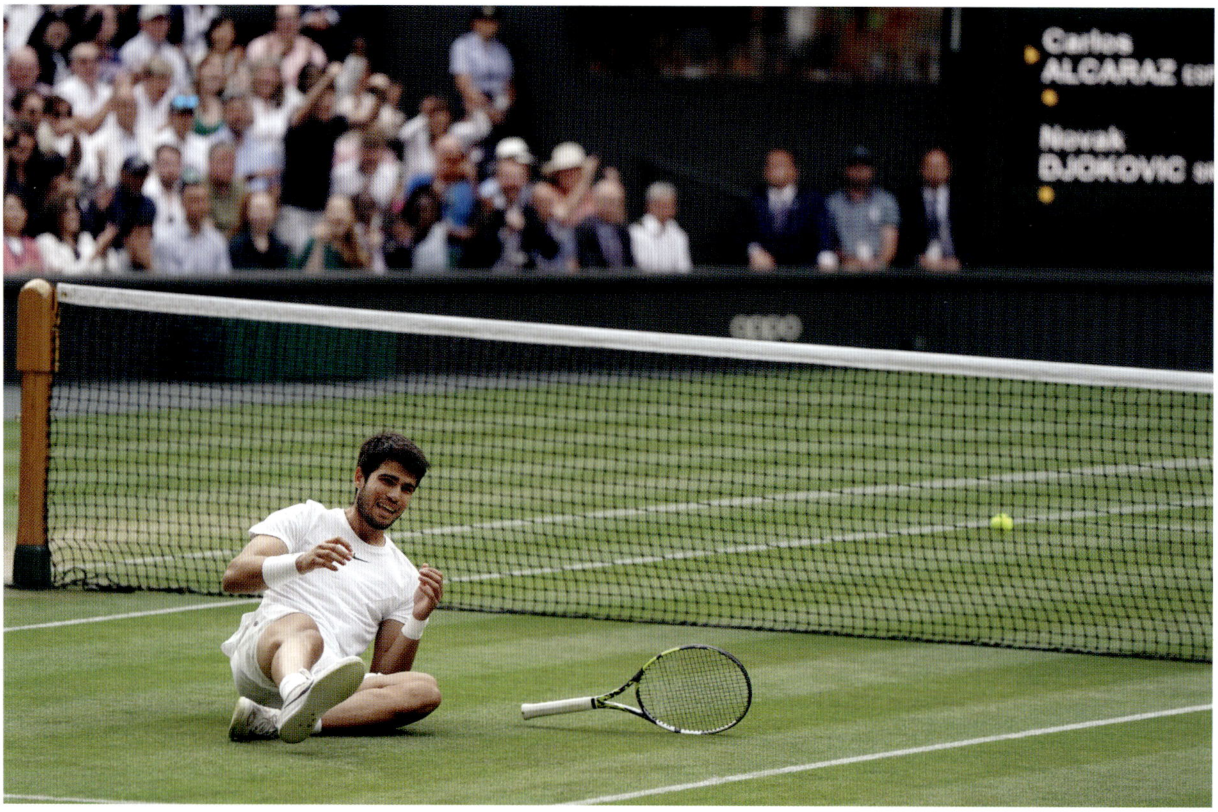

La délivrance après un combat de près de cinq heures. Et déjà un 2e titre du Grand Chelem pour celui qu'on voit comme le successeur du Big Three.

2:25
ROLEX
0:16
POINTS 1 2 3 4 5
Carlos
ALCARAZ ESP (1)
30 0
Novak
DJOKOVIC SRB (2)
15 2
206
oppo

Novak
DJOKOVIC SRB (2)
LACOSTE

Ci-dessus :

Leur rivalité est naissante mais déjà sacrément spectaculaire. Des Alcaraz-Djokovic ? On en redemande !

Page de gauche :

La fin d'une ère pour Novak Djokovic, qui a perdu le bras de fer tennistique et mental.

Dans l'ombre des deux géants Federer / Nadal pendant des années, le natif de Belgrade est désormais tout en haut, en pleine lumière.

Andy Roddick, « A-Rod », était loin d'être une simple machine à aces. Sa qualité de déplacement avait peu d'égal sur le circuit.

Passage de témoins

En 2001, un canonnier venu du Texas bombardait New York de services gagnants et croquait l'US Open. Andy Roddick, aussi terrible sur le court que drôle en dehors, semblait avoir l'avenir devant lui et le tennis américain rêvait à des années fastes. Sauf qu'un certain Roger Federer a fait son apparition, trustant tous les titres, bientôt suivi de deux autres bulldozers venus d'Espagne et de Serbie qui règneront sans partage sur le circuit ATP pendant plus de deux décennies. « A-Rod » n'a plus jamais remporté de Grand Chelem et le tennis américain masculin a entamé une longue traversée du désert.

Pendant des années, l'Oncle Sam s'est alors reposé sur les épaules d'un géant longiligne venu de Caroline du Nord. Un grand gars de Greensboro nommé John Isner. « Big John » n'aura jamais l'impact et le charisme de Andy Roddick. Cependant, sa régularité et sa longévité sur le circuit professionnel statistiques restent remarquables. Pur produit du système universitaire où il fait le bonheur des « Georgia Bulldogs », Isner se lance sur le circuit pro en 2007. Il va progresser à grande vitesse et deviendra un joueur redouté sur le circuit, tour de contrôle et machine à aces. De juin 2009 à mai 2023, il ne quittera pas le top 100 ATP !

Avec Isner, la taille compte. Un des plus grands joueurs du circuit (2m08), il est aussi le champion des matchs en longueur. Son marathon irréel contre Nicolas Mahut restera probablement à jamais le match le plus long de l'histoire du tennis, un score délirant (6/4, 3/6, 6/7(7), 7/6(3), 70/68), un moment d'histoire, une rencontre surréaliste qui fourmille d'anecdotes et de records en tous genres (nombre d'aces, nombre de jeux, nombre de balles utilisées...).

D'après le décompte du journal *The Guardian*, pas moins de 85 matchs ont eu le temps d'être joués pendant qu'Isner et Mahut jouaient le leur. Cette partie hors du temps aura fait la gloire de John Isner et la fierté – tardive – de Nicolas Mahut. « Sur le coup, il y avait beaucoup de frustration », a confié le Français des années après. « J'étais en vrai décalage entre les gens qui me félicitaient – je ne comprenais pas d'ailleurs cet engouement – et la détresse dans laquelle moi je me trouvais à ce moment-là. Aujourd'hui je mesure que ce match-là allait au-delà du simple fait victoire-défaite. D'ailleurs, aujourd'hui les gens se demandent si je l'ai gagné, mais ils se souviennent du match... » « Lorsque j'ai quitté le court, j'ai vraiment cru que tout cela n'était qu'un rêve », a de son côté avoué John Isner. « J'étais en plein délire. Je ne pensais pas qu'un tel match était du domaine du possible. C'est quelque chose que Nico et moi partagerons à jamais. »

L'Américain possède également le record du match le plus long en 2e semaine d'un Grand Chelem, une demi-finale de géants face au Sud-Africain Kevin Anderson en 2018. Une bataille épique qui a longtemps semblé interminable mais que le géant américain a perdue cette fois (7-6 [8], 6-7 [5], 6-7 [11], 6-4, 26-24). À lui seul, le cinquième set a duré plus longtemps que la plupart des matchs : 2 h 54.

Isner, c'est aussi un trophée en Masters 1000, le titre plus prestigieux de sa carrière, quand en 2019, il surprend Alexander Zverev en finale à Miami. Malgré tout, « Acener » n'a jamais réussi à atteindre une finale de Grand Chelem. Ses compatriotes de la même génération comme Jack Sock, vainqueur du Rolex Paris Masters (Bercy pour les intimes) en 2017, année où il atteint la 8e place ATP, ou encore Sam Querrey, demi-finaliste à Wimbledon en 2017 et 11e mondial, ne feront d'ailleurs pas mieux. Fatigué et moins efficace qu'avant, Isner a pris sa retraite lors de cet US Open 2023 avec un dernier baroud d'honneur : une baston de près de quatre heures, finalement perdue face à Michael Mmoh.

Pourtant, les périodes de vaches maigres semblent bel et bien terminées pour l'Oncle Sam. La Next Gen américaine a débarqué en nombre sur le grand circuit. Taylor Fritz, vainqueur d'Indian Wells 2022, Frances Tiafoe, spectaculaire puncheur, Tommy Paul, au look de surfeur et empêcheur de tourner en rond de Carlos Alcaraz, Christopher Eubanks et son jeu ultra offensif. Sans oublier Sebastian Korda, le fils de Petr, au tennis élégant, le bombardier Reilly Opelka ou encore Brandon Nakashima.

Et puis il y a Ben Shelton bien sûr. Fils de Bryan, ancien joueur (55e mondial), Ben met du temps à choisir le tennis et le pratique lui aussi dans une équipe universitaire, celle des Florida Gators. Il se fait un nom en remportant plusieurs Challengers (la deuxième division du tennis) avant de quitter les États-Unis pour la première fois de sa vie... seulement en décembre dernier ! Quart de finaliste à Melbourne, il fait sensation mais le soufflé retombe ensuite et l'Américain enchaîne plusieurs désillusions dès les premiers tours. Mais à l'US, il retrouve sa fougue et élimine tour à tour Dominic Thiem, Aslan Karatsev, Tommy Pua, Frances Tiafoe avant de céder comme tout le monde face à Novak Djokovic. Avec ses bras de déménageur et son tempérament de showman, Shelton est devenu une des idoles du public américain. À lui et aux autres de prouver désormais qu'ils peuvent faire encore mieux que leurs glorieux anciens.

Page de droite :

Dans la pure tradition du tennis US, Ben Shelton est un des meilleurs serveurs de son époque.
La puissance de Frances Tiafoe et son sens du spectacle en font un des plus grands showman du tennis.
Excellent joueur chez les jeunes, très polyvalent, il est capable de remporter des titres sur toutes les surfaces.

Double page suivante :

Aucun tableau d'affichage ne pourra désormais atteindre un tel score. Le match entre Nicolas Mahut et John Isner a défié toutes les lois de la probabilité sportive.

DOBEL

THE CHAMPIONSHIPS
WIMBLEDON
COURT No
PREVIOUS SETS
PLAYER
Nicolas
MAHUT
John
ISNER
23

GAMES
THE CHAMPIONSHIPS WIMBLEDON

Sebastian Korda et Brandon Nakashima, deux autres jeunes représentants du tennis US dans le top 100.

Depuis plusieurs années, Taylor Fritz est un des joueurs américains les plus réguliers. A son actif notamment : un titre en Masters 1000 à Indian Wells.

À vingt et un ans, Ben Shelton a répondu à l'appel du tennis américain en se qualifiant pour les demies à New York.

Masters 1000

UNE NOUVELLE HIÉRARCHIE

Les deux dernières décennies nous avaient habitués à voir presque toujours les mêmes patronymes au palmarès des Masters 1000. Mais le monde a changé : Roger Federer a rangé ses raquettes, Rafael Nadal soigne ses bobos en espérant un hypothétique retour en grâce. Et si Novak Djokovic rôde toujours avec gourmandise, le Serbe n'a plus la force de courir tous les lièvres à la fois et se concentre surtout sur les Grands Chelems. Conclusion : il y a des places à prendre. Le nouveau roi Alcaraz mais aussi Daniil Medvedev, Andrey Rublev et Jannik Sinner ont sauté sur l'occasion.

Lumineux sur les courts, Daniil Medvedev a enchaîné les succès. Entre mi-février et début avril, il a connu une défaite... pour 25 victoires.

Indian Wells / Miami : chassé-croisé aux USA

Ce n'était pas forcément le scénario le plus plausible à la fin du mois de janvier, mais Daniil Medvedev a été le grand bonhomme de cette fameuse tournée américaine. Le Russe a commencé l'année par une défaite dès le 3e tour de l'Open d'Australie et semblait traîner un peu son spleen sur les courts. Mais il allait pourtant très vite reprendre du poil de la bête. Trois semaines, trois titres : Rotterdam, Doha, Dubaï, à cheval entre février et mars. Et 19 victoires à la suite plus tard, le protégé du Français Gilles Cervara a débarqué en finale d'Indian Wells avec la jauge de confiance boostée au maximum.

Malheureusement pour lui, le Russe va y prendre de plein fouet l'ouragan Carlos Alcaraz qui n'aura pas lâché pas une manche en Californie. Avec son tennis stellaire, le Murcien a écrasé la finale de sa supériorité : 6/3, 6/2 en à peine plus d'une heure. Ce triomphe à Indian Wells est le huitième de sa carrière ATP (en onze finales disputées) et le troisième en Masters 1000. « Je pense que ça a été le tournoi parfait. Contre Daniil, ce sont des matchs très tactiques et vous devez être à votre meilleur. J'ai fait ça parfaitement aujourd'hui. Gagner de la sorte, en jouant si bien, ça donne une grande confiance évidemment. J'espère bien conserver ce niveau à Miami. »

Sauf qu'en Floride, le prodige espagnol va tomber sur un os nommé Jannik Sinner. L'Italien n'a pas encore le palmarès de Carlitos, mais son talent ne fait pas le moindre doute et sa capacité à se sublimer dans certains grands matchs non plus. En demi-finale, il a terrassé Alcaraz en trois manches dans une rencontre d'une intensité folle et émaillée de points dingues. Trois sets aux scores pas si serrés (6/7, 6/4, 6/2) mais qui ont duré pourtant plus de trois heures dans la moiteur floridienne. « J'ai commencé à avoir des crampes mais je n'ai pas perdu le match à cause de ça. Je suis revenu après les crampes et je commençais à me sentir mieux, mais Jannik était meilleur que moi dans ce troisième set. C'est la vérité », a avoué l'Espagnol.

Extenué par ce match, Sinner va plier en finale face à... Medvedev (7/5, 6/3). Pas forcément impérial durant le tournoi, le Russe a néanmoins parfaitement géré sa barque grâce à une énorme marge par rapport à la majorité des joueurs sur surfaces dures. Contre Sinner il s'est évertué à (très) bien servir et à faire courir l'Italien, épuisé par son combat homérique contre Alcaraz. « Je n'ai pas beaucoup dormi et au réveil, je ne me sentais pas très bien, mais je ne veux rien enlever à Daniil. Il a remarquablement servi, il a fait un grand match. Nous avons tous des joueurs qui nous posent plus de problèmes que d'autres. Clairement, Daniil est un des pires adversaires pour moi. Il suffit de voir le bilan de nos duels... »

Effectivement, en six confrontations l'Italien n'a jamais trouvé la solution à l'énigme Medvedev, qui s'est réjoui de cette période faste malgré un début de saison en demi-teinte. « D'habitude, ce que je fais de mieux se passe à l'Open d'Australie, où j'ai atteint deux fois la finale. Or, cette année, à Melbourne, je n'étais pas assez bon. Donc je suis heureux d'avoir réussi à inverser la tendance. Sur dur, je peux parvenir à gagner des matchs même sans jouer mon meilleur tennis. Et ça, c'est une énorme différence. » Le Moscovite décroche en Floride un 19e titre en carrière et un 5e en Masters 1000 (après Cincinnati, Shanghai, Paris, et Toronto). Un 6e suivra peu après. Mais celui-là sera nettement plus inattendu...

Alcaraz l'a lui-même confié : il a joué en finale d'Indian Wells le "match parfait".

Ci-contre :

Le combat a été intense et indécis entre Alcaraz et Struff. Mais l'Espagnol, même s'il est nettement plus jeune, a déjà bien plus l'expérience de ces grands matchs.

Monte-Carlo / Rome : l'âme russe

En 2021, Andrey Rublev s'est confié aux médias australiens sur son enfance en Russie avec Daniil Medvedev. Les deux joueurs ont deux ans de différence mais jouaient souvent ensemble les mêmes tournois du circuit juniors. Le moins que l'on puisse dire, c'est que leurs duels ne manquaient pas de piquant et auraient réjoui les amateurs de films surréalistes. Jugez plutôt : « Daniil et moi, on est tous les deux fous. Pendant nos matchs en juniors, on ne faisait que des lobs. Chaque échange durait 10 minutes. On faisait des lobs jusqu'à l'épuisement. Puis l'un d'entre nous ratait son lob et il y avait trois minutes de pleurs et de jets de raquette. Puis au deuxième point, après dix minutes d'attente, c'était reparti pour trois minutes de pleurs. L'un d'entre nous se roulait sur le terrain après avoir gagné ce point et un autre pleurait en disant "la vie est terrible". Et ça durait trois ou quatre heures. Heureusement, il n'y avait pas de juges de ligne et personne n'est mort d'ennui en regardant tout cela. »

Et le Russe d'enfoncer le clou : « Nous avions chacun notre manière d'être cinglé. Je lançais des raquettes, je pleurais, je gémissais. Daniil lançait des raquettes, mais sans pleurer ni gémir. Au contraire, il hurlait contre tout et tout le monde autour de lui... Si quelqu'un passait près du terrain, il avait l'impression d'avoir atterri en enfer. Je prenais de la terre sur le terrain et je la mangeais. »

Pas mal comme personnages de film, non ? Mais le plus incroyable dans cette histoire est que les deux Moscovites ont mis leur (douce) folie de côté. Petit à petit et presque en simultané, ils ont gravi les échelons du tennis et intégré le prestigieux top 10. En s'installant à la place de n° 1 mondial en février 2022, Medvedev a même mis fin à 18 ans de règne sans partage du Big Four sur le trône de l'ATP. Fait étonnant et surtout très touchant : malgré les rivalités du haut niveau, la pression ou encore l'argent, les deux joueurs sont restés très amis. Rublev est d'ailleurs le parrain de la fille de Medvedev.

Mais quel rapport avec ce chapitre, nous direz-vous ? Facile : les deux joueurs ont remporté un Masters 1000 cette année lors de la saison sur terre battue. Loin d'être un détail pour ces fous, pour eux, ça veut dire beaucoup. En triomphant à Monte-Carlo, Andrey Rublev a mis fin à une longue attente personnelle. Lui, le roi des ATP 500, a enfin franchi ce cap de la catégorie au-dessus. En finale face à Holger Rune, ce fut souvent brouillon, parfois indigeste, tout le temps chaotique. Mais la récompense a été au bout. Entre deux cogneurs au fort tempérament, capables de

Page de gauche :

Des larmes de joie et de soulagement ont coulé sur le visage d'Andrey Rublev après son sacre sur le Rocher. On parlait encore d'Union soviétique la dernière fois qu'un Russe avait remporté le tournoi (Andrei Chesnokov en 1990).

fulgurances comme de crises de nerfs, il était écrit que le match serait tendu et haletant. Rune a pris le meilleur départ, mais il a été rattrapé par l'enjeu. Dans la troisième manche, le Danois a laissé filer son avance avant de dégoupiller et de claquer notamment deux smashs dans le filet pour offrir le break à son adversaire. Qui n'en demandait pas tant pour exorciser enfin ses démons intérieurs.

Un immense soulagement pour Rublev, joueur aussi fantasque qu'attachant, figurant parmi les personnages les plus appréciés du circuit, un des rares sportifs russes à avoir ouvertement pris position contre la guerre en Ukraine. « Finalement je l'ai fait. Je l'ai fait à Monaco, lors d'un tournoi vraiment historique. Gagner un match comme ça, en étant mené 4-1, 0-30, et être capable de revenir, c'est comme un conte de fées. »

Quant à Daniil Medvedev, il a lui décroché la timbale à Rome. Alors bien sûr, le Russe nous avait habitués à remporter des Masters 1000. Mais le faire sur terre battue c'est une tout autre histoire. On parle d'un joueur qui, à Rome déjà, en 2011, lors d'un changement de côté, avait grogné à propos de cette surface : « Vous aimez être dans la poussière comme un chien ? OK. Je ne juge pas. » Et pourtant... et pourtant le Russe semble avoir mis de l'eau dans son vin à propos de la terre et surtout celle de la capitale italienne.

Alors qu'il n'avait jamais remporté ici un seul match en trois participations, il a cette fois essoré ses adversaires les uns après les autres. Ruusuvuori, Zapata Miralles (le seul à lui avoir pris une manche), Zverev, Hanfmann, puis Tsitsipás, ils ont tous subi la loi du Russe et de son nouvel intérêt pour la terre. Une nouvelle approche rendue possible par le fait que le joueur « a fait sauter des verrous dans sa tête », selon les mots de son entraîneur. Encore fallait-il concrétiser l'essai face à Holger Rune (encore lui), brillant tombeur de Novak Djokovic et de Casper Ruud. Mais le Danois, particulièrement accrocheur, a plié dans les fins de manche, impuissant face au mélange de force tranquille et de pugnacité proposé par Medvedev (7/5, 7/5).

Toujours aussi caustique, le Moscovite a affirmé en souriant qu'on pouvait parler « d'une histoire d'amitié avec la terre, pas encore d'une histoire d'amour ». Et d'analyser : « Je n'arrivais pas à bien jouer sur terre, rien ne marchait. Mais avant ce tournoi, ce n'était pas mauvais à Monte-Carlo et Madrid. Je veux toujours croire en moi, j'essaie toujours de faire de mon mieux et j'espère toujours gagner les plus grands tournois mais, dans le même temps, si on m'avait dit que dans ma carrière je remporterais un Masters 1000 sur cette surface... À Rome, je me suis senti incroyablement bien. Je l'ai dit très vite à mon coach : "Je ne sais pas ce qu'il se passe, je me sens super bien dans mon tennis." J'ai joué quelques-uns des meilleurs joueurs du monde sur terre battue et je me suis prouvé à moi-même que je pouvais non seulement rivaliser avec eux, mais aussi les battre. »

Au Foro Italico, le grand Daniil a décroché son 20e titre et le tout premier sur ocre. Inconcevable il y encore quelques semaines, ce succès faisait également du Russe un des favoris à la victoire finale à Roland-Garros. Visiblement, lui aussi aime bien « être dans la poussière » désormais.

Les deux Moscovites sont restés très proches malgré leurs carrières professionnelles très chargées

Ci-dessus :

Le coup droit puissant de Rublev lui apporte de nombreux points gratuits, quelle que soit la surface.

Page de gauche :

Medvedev à genoux, sur cette terre, qu'il a si souvent honnie.

Rune a confirmé cette saison qu'il peut être un grand joueur de terre. Mais le Danois a chuté par deux fois en finale.

OLEX

Toronto : Sinner, enfin winner

Quelques jours avant ses vingt-deux ans, Jannik Sinner s'est offert un beau cadeau avec un peu d'avance. Depuis des années, l'Italien tournait autour d'une grande victoire sur le circuit. Bien sûr, il avait déjà décroché des titres sur le circuit ATP, sept même, dont six sur dur. Mais au vu de son immense potentiel, ne pas l'avoir vu soulever un trophée dans les catégories les plus prestigieuses passait presque pour une anomalie. Par deux fois, le natif de San Candido dans les Alpes italiennes (près de la frontière autrichienne, dans la partie germanophone de l'Italie), avait été frustré en finale d'un Masters 1000 : à Miami, en 2021 et 2023.

Lors de sa première finale en Floride, il était passé à côté de son match, tétanisé par l'événement, laissant la gloire à Hubert Hurkacz. Lors de la deuxième, il y a quelques mois, l'Italien avait résisté vaillamment à Daniil Medvedev, mais épuisé par son énorme combat pour terrasser Carlos Alcaraz en demies, il n'avait pas pu faire admirer la plénitude de son tennis. Cette fois, Sinner était prêt. À Toronto, les planètes de sa galaxie se sont alignées, entre forme physique étincelante et favoris qui trébuchent. Son parcours s'est même conjugué aux presque parfait : le seul à lui avoir pris une manche a été... le revenant Gaël Monfils, toujours capable de performances ahurissantes.

Pour concrétiser son rêve, en finale, Sinner a presque connu son match le plus facile. Son adversaire, l'opiniâtre Alex De Minaur, était lui un novice à ce stade de la compétition, même s'il venait de surprendre deux des principaux favoris du tournoi, Taylor Fritz et Daniil Medvedev. En quatre rencontres, De Minaur n'avait jamais réussi à vaincre Sinner. Le 5e duel n'a pas dérogé à la règle. Véritable poison dans les échanges longs, l'Australien manque en revanche de puissance et d'un coup fort. Tout le contraire d'un Sinner, capable de donner beaucoup de volume, de frapper des coups dévastateurs des deux côtés, et de rester impressionnant de régularité tout le long d'un match. Après avoir activé le mode rouleau compresseur, il a survolé la finale (6/4, 6/1). Une conclusion logique pour un vainqueur presque évident.

« Alex est extrêmement rapide, donc parfois, vous devez jouer à contre-pied », a analysé l'Italien à l'issue de la rencontre. « J'ai essayé de trouver le bon compromis, parfois j'acceptais les rallyes et parfois j'appuyais davantage. Gagner ce genre de tournoi représente le rêve de tout joueur de tennis. Mais j'ai commencé à y croire un peu plus à partir de l'année dernière. Car j'ai senti que j'avais le niveau pour gagner. Je l'ai démontré cette année, en atteignant des finales ou des demi-finales. Le fait de croire en vous est quelque chose de très important. C'est un grand moment dans ma carrière. » Un grand moment... et sans doute pas le dernier.

Page de droite :

Prototype du joueur du futur, capable de frapper fort en coup droit et en revers, Sinner combine une grande taille (1m88) avec une excellente technique.

Ci-dessus et page de gauche :

Les quatre affrontements entre Novak Djokovic et Carlos Alcaraz ont abouti à quatre monuments. Ce dernier à Cincinnati fut le plus indécis et le plus « étouffant ».

BERLIN 2024

Laver Cup : un monde d'écart

La Laver Cup passait indéniablement un test cette année. Pour la première fois depuis sa création en 2017, l'épreuve imaginée par Roger Federer se déroulait non seulement sans le Maestro et sans un membre du légendaire Big Four (ce qui était déjà le cas en 2021), mais aussi avec nettement moins de têtes d'affiche qu'auparavant. « Seuls » trois tops 10 étaient présents à Vancouver : Andrey Rublev, Taylor Fritz et Casper Ruud. Un plateau moins séduisant mais néanmoins toujours bien copieux pour cet événement calé sur le modèle de la Ryder Cup en golf (Europe contre Reste du Monde) et joué selon un format particulier (les matchs valent de plus en plus de points : un point par victoire le vendredi, deux le samedi et trois le dimanche).

L'équipe Europe, qui avait remporté les quatre premières éditons, avait connu sa première défaite l'an passé, au bout du suspense. La tendance s'est confirmée mais cette fois avec une domination à sens unique de l'équipe du Reste du Monde, qui s'est imposée 13-2. Les Américains Ben Shelton/ Frances Tiafoe ont scellé le succès de Team World en dominant Hubert Hurkacz et Andrey Rublev au terme d'un double accroché (7/6(4), 7/6 (5). L'honneur de l'Europe a été sauvé par Casper Ruud, qui a apporté la seule victoire de son équipe face à Tommy Paul.

À noter que deux Français étaient présents au sein de l'équipe du Vieux continent : le toujours spectaculaire et bankable Gaël Monfils, mais aussi le jeune Arthur Fils, grande promesse du tennis tricolore, et qui a bénéficié du forfait de Stéfanos Tsitsipás pour passer de remplaçant à titulaire.

Les deux équipes étaient une fois encore emmenées par les capitaines Björn Borg (Europe) et John McEnroe (Monde). Ce dernier ne s'est pas privé de chambrer un peu après sa victoire. « C'était une super sensation de leur botter les fesses ! L'an passé, c'était une bataille jusqu'au bout quand nous avons gagné, et nous sommes arrivés cette année avec un super état d'esprit, un bon mélange d'expérience et de jeunesse. Et on pense déjà à l'année prochaine, parce que gagner, c'est tellement mieux que de perdre. »

C'est indéniable : cette Laver Cup n'avait pas tout à fait la saveur des premières fois et surtout l'aura symbolique de l'édition 2022, théâtre des adieux de la légende Federer aux côtés de son éternel rival Rafael Nadal. Mais sportivement, la victoire de l'équipe Monde, plus homogène, est logique. Et l'événement a gardé toute sa crédibilité en ne cherchant pas à ménager un faux suspense lors du dernier jour. Par ailleurs, un bonus de glamour pourrait faire son retour dès l'an prochain, à Berlin, si on se fie aux paroles du maître des lieux. « Pour être honnête, j'aimerais bien voir Novak à nouveau », a confié Roger Federer. « En fait, j'adorerais voir Djokovic et Alcaraz dans la même équipe. Ce serait bien d'avoir Sascha Zverev pour l'Allemagne. Quelqu'un comme Holger Rune aussi, cela a vraiment nui à notre équipe qu'il soit absent ici. Medvedev serait parfait aussi. » Avec un tel casting 5 étoiles, l'équipe du Vieux continent disposerait d'une armada quasi inarrêtable pour récupérer son bien. D'autant que le maestro suisse n'a pas écarté l'idée de s'installer sur le banc européen en tant que capitaine. Vivement 2024.

Ci-dessus : :

Grande promesse du tennis français, Arthur Fils a eu l'occasion de côtoyer la "crème de la crème" à Vancouver.

Ci-contre :

La compétition imaginée par Roger Federer et son agent Tony Godsick donne toujours l'occasion d'assister à des doubles spectaculaires.

Open d’australie

LA REINE (DE) SABA

Enfin ! Depuis des années, Aryna Sabalenka faisait partie du clan des joueuses les mieux armées du circuit pour conquérir un Grand Chelem. Mais la puissante Biélorusse semblait comme paralysée dans les grandes occasions. C’est désormais du passé : après trois échecs en demi-finales de Grand Chelem, la joueuse de Minsk a triomphé de ses démons à Melbourne. En finale, elle a renversé une autre fantastique cogneuse, la Kazakhstanaise Elena Rybakina, très solide, mais qui a manqué d’un soupçon de folie pour s’imposer. Avec ce succès, Sabalenka prend une nouvelle dimension, grimpe à la 2e place mondiale et montre qu’elle est désormais une sérieuse prétendante au trône de la WTA.

Coco Gauff n'a que 18 ans mais elle fait déjà partie des joueuses expérimentées dans les grands rendez-vous.

Sabalen-can do it !

Savoir maîtriser sa force. Et son côté obscur. Telle est l'équation complexe et à plusieurs inconnues que doit résoudre Aryna Sabalenka à chaque match. Il suffit de regarder quelques points pour le comprendre : la Biélorusse est une cogneuse à la puissance de frappe sans doute inégalée sur le circuit. Mais revers de la médaille : son jeu comporte une grande part de risques. Contrôler cette puissance demande aussi bien une certaine patience sur le court, pour éviter de multiplier les fautes, mais aussi une grande confiance en soi.

Durant des années, les démons ont ainsi plané dans l'esprit de Sabalenka. « J'ai toujours eu une drôle d'impression : quand on me demandait des autographes, je ne me sentais pas légitime, je n'étais personne, une simple joueuse. » Pourtant, les résultats étaient là, et ils étaient même très bons. En 2019, alors qu'elle n'a que vingt ans, elle intègre pour la première fois le top 10, devenant la troisième Biélorusse à accéder à ce cercle après Natasha Zvereva et Victoria Azarenka. Un top 10 qu'elle retrouvera fin 2020 pour ne plus en sortir depuis. Elle accumule les titres, notamment sur dur, sa surface favorite. Pourtant, dans les très grands rendez-vous majeurs, quelque chose semblait toujours la bloquer. Avant Melbourne 2023, elle n'avait encore jamais atteint de finale de Grand Chelem, butant à trois reprises au stade des demies (Wimbledon 2021, US Open 2021 et 2022).

Mais cette année, la native de Minsk a enfin pu vivre son rêve en totalité. Impériale durant tout le tournoi, elle n'a pas laissé la moindre chance à ses adversaires jusqu'en finale. Face à Rybakina, qui avait déjà connu l'ivresse d'une victoire en Grand Chelem à Wimbledon l'an passé, il lui fallait non seulement vaincre une joueuse aguerrie, mais aussi la peur de manquer une grande opportunité. D'autant que les choses ont plutôt – très – mal débuté avec un premier set remporté par Rybakina, solide dans l'échange et en contrôle de ses émotions. Mais le grand mérite de Sabalenka a été de ne jamais abdiquer. Même quand elle a dû sauver des balles de break au début de la deuxième manche. Même quand le vieux démon nommé tension est réapparu sournoisement dans le troisième set.

Alors qu'elle servait pour le match à 5-4, Sabalenka a vu son adversaire se procurer une balle de débreak. Mais là encore, la Biélorusse a fait preuve d'une farouche détermination. « Je n'ai pas arrêté de me répéter : “Personne ne t'a dit que ce serait facile, tu as bossé pour ça, maintenant bats-toi jusqu'au dernier point.” » La joueuse de Minsk ne s'est pas inventé un double

Page de droite :

Impressionnante tout au long de la quinzaine, Elena Rybakina n'est pas passée loin du trophée, mais elle devra patienter avant de compléter sa collection de Majeurs.

Un trophée tant convoité pour la Biélorusse, souvent inhibée dans les grands rendez-vous.

PZU

Roland-Garros

COMME UNE ÉVIDENCE

Qui d'autre ? Qui d'autre qu'Iga Swiatek pouvait s'offrir à seulement vingt-deux ans une troisième couronne à Roland-Garros ? En démonstration pendant six matchs, la Polonaise a écœuré la concurrence une fois de plus, justifiant son statut de n° 1 mondiale et de reine incontestée de la terre battue. Mais sa promenade de santé a pris fin en finale, au cours d'un match superbe. Alors qu'elle menait un set un break, Swiatek a vu l'épatante Karolína Muchová revenir au score et lui donner des sueurs froides jusqu'au bout. Néanmoins, la Polonaise a fini par avoir le dernier mot après 2 h 49 de combat. La reine conserve donc sa couronne. Et elle n'a toujours pas connu la défaite lors d'une finale de Grand Chelem.

La rétro de la quinzaine

Iga, la passe de trois

Pour la troisième fois de sa jeune carrière, Iga Swiatek soulève la coupe Suzanne-Lenglen, son quatrième Majeur au total avec l'US Open 2022. Elle ne lâche pas un set jusqu'en finale où elle doit batailler plus que prévu face à Karolína Muchová, épatante révélation de ce tournoi.

Talent hors-normes

La précocité de Swiatek sur terre battue est hors norme, comparable à Rafael Nadal ou Monica Seles. Au total, elle inflige quatre 6/0 à ses adversaires lors des premiers tours du tournoi. Preuve de sa domination sur terre, elle est la première à conserver son titre à Roland-Garros depuis Justine Henin en 2006-2007.

Une finaliste qui impressionne

Novice à ce stade de la compétition, Karolína Muchová offre une belle résistance, transformant un scénario cousu de fil blanc en une rencontre passionnante. La Tchèque finit par s'incliner mais avec son superbe jeu offensif, elle conquiert le cœur des foules et prend rendez-vous pour la suite.

Sabalen-ko

En demi-finales, Muchová signe une sacrée performance en écartant Aryna Sabalanka qui restait sur un titre en WTA 1000 à Madrid. Si elle se montre intraitable sur le terrain en début de tournoi, la joueuse de Minsk connaît des jours plus compliqués à l'extérieur. Interrogée sur ses liens avec le régime biélorusse et le Président Loukachenko, qui soutient la Russie dans la guerre en Ukraine, Sabalenka évite deux conférences de presse. Après sa victoire en quarts contre l'Ukrainienne Elina Svitolina, elle fait finalement face aux journalistes et déclare : « Je ne soutiens pas la guerre, cela signifie donc que je ne soutiens pas Alexandre Loukachenko actuellement. Je n'ai que vingt-cinq ans. Si je voulais être une femme politique, je ne serais pas ici. Je ne veux pas être embrigadée dans la politique. Je ne veux être qu'une joueuse de tennis. »

Le Brésil brille de nouveau à Paris

Beatriz Haddad Maia se qualifie pour la première fois de sa carrière dans le dernier carré d'un tournoi du Grand Chelem en écartant en quart de finale une des favorites du tournoi, Ons Jabeur. Formée par le coach de Gustavo Kuerten, elle est la première Brésilienne à atteindre les demies à Roland-Garros depuis... 1964. À noter qu'en 8e de finale, Haddad Maia avait déjà fait parler d'elle : sa victoire contre l'Espagnole Sara Sorribes Tormo est en effet le troisième match le plus long de l'histoire du tennis féminin à Roland-Garros (6/7, 6/3, 7/5 pour 3 h 51 de jeu).

La jeunesse (tchèque) triomphante

L'avenir du tennis féminin tchèque est radieux. Cinq joueuses engagées dans le tableau principal sont âgées de moins de dix-neuf ans et quatre d'entre elles sont tchèques : Brenda Fruhvirtová (seize ans), Sára Bejlek (dix-sept ans), Linda Fruhvirtová (grande sœur de la première) et Linda Nosková (dix-huit ans), sans oublier la Russe Mirra Andreeva (seize ans).

Un double qui fait du bruit

Le tableau de double dames est pour le moins mouvementé lors de cette édition ! Les têtes de série numéro 1 Barbora Krejcíková et Katerina Siniaková, lauréates des éditions 2018 et 2021, sont éliminées dès le premier tour (par la paire norvégo-japonaise Ulrikke Eikeri - Eri Hozumi). En huitième de finale, Miyu Kato et Aldila Sutjiadi sont disqualifiées du tournoi après qu'une balle de Kato a heurté accidentellement une ramasseuse de balles. La décision engendre une importante polémique. Finalement, c'est la paire Hsieh Su-wei - Wang Xinyu qui remporte le tournoi après une ultime victoire aux dépens de Leylah Fernandez - Taylor Townsend. C'est une 5e couronne en Grand Chelem pour Hsieh Su-wei et une première pour Wang Xinyu.

Iga, joue-la comme Rafa

Dans le jargon tennistique, on dirait que c'est un début de carrière « nadalesque ». Depuis cinq ans, le public parisien peut apercevoir une jeune Polonaise traîner sa curieuse casquette et son sac de raquettes sur les courts de Roland-Garros. Dans ce court laps de temps, Iga Swiatek a déjà réussi l'exploit de soulever la coupe Suzanne-Lenglen à trois reprises. « Nadalesque », on vous dit. Avec elle, les compteurs s'affolent et les adversaires, quelles qu'elles soient, passent à la moulinette du tennis terriblement efficace de la Polonaise. Son sens du jeu, sa qualité de déplacement, sa façon de glisser sur l'ocre, mais surtout son coup droit lifté tourbillonnant en font la joueuse parfaite sur terre.

Pourtant, en 2020, elle avait débarqué dans la peau d'une quasi-anonyme, 54e mondiale, sans aucun fait d'armes réellement probant à l'exception d'un sacre chez les juniors à Wimbledon. Mais cette année-là, tout le monde va apprendre par cœur le nom d'Iga Swiatek. Elle survole le tournoi, corrige une à une toutes ses adversaires, s'empare du trophée sans contestation. L'année d'après, c'est la douche froide : alors qu'elle fait figure de favorite à sa succession au vu de sa nouvelle domination sur l'ocre, elle tombe dès les quarts sur une colossale María Sákkari. Elle reprendra cependant son bien dès la saison suivante avec un deuxième triomphe. Puis un troisième cette année donc.

Pendant six matchs et demi, on pensait même que le tournoi féminin 2023 allait tourner à une boucherie géante sur les courts Philippe-Chatrier et Suzanne Lenglen (où jouent les plus grandes stars et donc Swiatek). Voici le tableau de chasse de la native de Varsovie. 1er tour : Cristina Bucsa giflée 6/4, 6/0. 2e tour : Claire Liu torpillée sur le même score (6/4, 6/0). 3e tour : la malheureuse Xinyu Wang n'a même pas le droit d'inscrire le moindre petit jeu (6/0, 6/0). En 8e, Lesia Tsurenko abandonne à 5-1, avant que Coco Gauff ne fasse guère mieux que les autres en quart de finale (6/4, 6/2). Forcément, les tours se succédant, on était en droit d'imaginer que Swiatek allait rencontrer davantage de résistance. Ce fut à moitié le cas en demie, face à Beatriz Haddad Maia qui a tout de même réussi à arracher un tie-break (6/2, 7/6).

Ne restait qu'une marche, un duel qui semblait fort déséquilibré contre Karolína Muchová. Et quand Swiatek a mené 6/3, 3-0, on se disait que la promenade de santé de la Polonaise dans ce Roland-Garros allait bientôt se terminer. Mais Muchová est une joueuse étonnante (voir plus loin). La Tchèque a mis un peu de temps avant de faire tourner son moteur. Mais une fois lancée, la machine a été difficile à rattraper. Déjà revenue de l'enfer en demi-finale face à Sabalenka, la joueuse d'Olomouc a repris sa baguette magique pour transformer un

Page de droite :

Avec ce 3e sacre qui récompense sa science du jeu sur terre, Iga Świątek se trouve désormais au 6e rang des joueuses les plus titrées à « Roland ». Une nouvelle couronne lui permettrait de rejoindre Justine Hénin, Chris Evert étant encore loin devant (sept victoires).

Muchová, le facteur X

Bien sûr, Iga Swiatek est la reine de Roland-Garros. Mais sans lui faire ombrage, la grande dame de ce Roland-Garros millésime 2023 fut sans aucun doute Karolína Muchová. Son fantastique comeback en demi-finale est rentré illico dans les plus beaux matchs de ces dernières années : menée 5-2 dans le dernier set par Aryna Sabalenka, la Tchèque a tout renversé pour inscrire cinq jeux de suite et arracher la victoire (7/6, 6/7, 7/5). Sa résilience en finale contre la n° 1 mondiale a également suscité l'admiration.

La native d'Olomouc n'est pas la joueuse la plus médiatique du circuit mais elle possède un talent fou. Elle n'est d'ailleurs pas une inconnue. Avant ce Roland-Garros, elle avait déjà atteint une demi-finale en Grand Chelem, à l'Open d'Australie 2021 (défaite serrée face à Jennifer Brady). Et surtout, elle avait prouvé qu'elle était particulièrement accrocheuse face aux meilleures. C'est bien simple, avant sa finale face à Swiatek, elle n'avait jamais perdu face à un membre du top 3 en cinq matchs (avec des victoires face à Sabalenka, Sákkari, Barty, Osaka et Plíšková). En revanche, la Tchèque est aussi sujette aux blessures (abdominaux, cheville, dos) qui ont souvent handicapé sa constance au plus haut niveau et donc empêché un classement plus probant.

Le public parisien a également pu le découvrir : Muchová, c'est un tennis d'un autre âge. Un jeu varié qui penche souvent vers le filet, un tennis poétique et aérien, entrecoupé de slices courts et d'amorties qui ont donné des migraines à toutes ses adversaires, Swiatek comprise. Son idole de jeunesse et inspiration de ce tennis savoureux ? Un certain Roger Federer. « Quand j'ai grandi, je le regardais beaucoup », explique la Tchèque. « J'adore son jeu agressif, comment il monte au filet. Je me suis inspirée de ses slices, ses volées. Tout, j'adorais tout. »

Ses rivales durant cette quinzaine parisienne n'ont d'ailleurs pas tari d'éloges sur le talent de Karolína Muchová. « Elle a toujours joué un beau tennis », observe Sabalenka. « Dès qu'il y a une balle courte, elle monte au filet et ça devient compliqué de construire un point face à elle. » « C'est une joueuse qui peut un peu tout faire », renchérit Swiatek. « Elle a un très bon toucher, elle peut accélérer le jeu. Elle joue avec beaucoup de liberté dans ses mouvements. Elle a une excellente technique. »

À vingt-six ans, la Tchèque a encore du temps devant elle. Reste désormais à faire fructifier cette fantastique technique et à éviter les gros pépins physiques pour revenir jouer les premiers rôles en Majeurs. Les amoureux de tennis et le public ne réclament que ça.

Page de droite :

Aucun expert n'aurait misé un kopeck sur Karolina Muchova, 43e mondiale, en finale de Roland-Garros. Mais sa polyvalence et son sens du beau jeu ont fait mouche.

Page de gauche et ci-dessus:

Comme une araignée, Muchova s'est accrochée jusqu'au bout à la victoire et à son rêve de gloire.

Wimbledon

VONDROUSOVÁ SURPREND SON MONDE

On attendait Aryna Sabalenka, surpuissante sur surface rapide. On attendait Ons Jabeur, chouchoute du public. On attendait Iga Swiatek, peu à l'aise sur gazon mais incontestable n° 1 mondiale, voire Petra Kvitová ou Karolína Muchová. Finalement, la grande gagnante de ce Wimbledon 2023 se nomme Markéta Vondroušová. Plus qu'une lauréate surprise, c'est une page d'histoire : jamais une joueuse non-tête de série n'avait réussi à remporter le Majeur londonien dans l'ère Open. La Tchèque, qui s'était hissée en finale de Roland-Garros 2019, avait ensuite disparu des radars, à l'exception d'une médaille d'argent à Tokyo 2020. Elle signe un retour éclatant dans le plus vieux tournoi du monde et laisse une nouvelle fois une litanie de regrets à Ons Jabeur, qui perd sa deuxième finale consécutive à Wimbledon, et sa troisième en Grand Chelem.

La rétro de la quinzaine

Une surprise historique

Personne ne l'attendait, mais c'est bien elle qui a gagné. Dans une édition 2023 très ouverte, Markéta Vondroušová remporte son premier titre du Grand Chelem à Wimbledon en dominant en finale Ons Jabeur. 42e au classement WTA, la native de Sokolov (à quelques kilomètres de la frontière avec l'Allemagne) est devenue la troisième Tchèque à s'imposer ici après Jana Novotná (1998) et Petra Kvitová (2011 et 2014) mais aussi la première lauréate de Wimbledon non-tête de série depuis le début de l'ère Open en 1968. Et dire qu'avant d'arriver à Londres cette année, elle n'avait remporté que deux matchs sur gazon dans sa carrière...

Trois de chute pour Jabeur

Nouvelle désillusion pour Ons Jabeur. La Tunisienne concède une troisième défaite en autant de finales de Grand Chelem. Une déception d'autant plus grande que la 6e mondiale partait clairement avec les faveurs des pronostics, après un magnifique parcours pour accéder à la finale.

« Super mommy », « super nanny »

Déjà quart de finaliste à Roland-Garros, Elina Svitolina fait encore mieux en se qualifiant pour les demi-finales du Majeur londonien. L'Ukrainienne s'offre notamment le scalp d'Iga

Swiatek, toujours n° 1 mondiale, en quart de finale. Une performance remarquable pour Svitolina qui a donné naissance à sa fille en octobre 2022. À noter qu'au 1er tour, l'Ukrainienne domine Venus Williams, quarante-trois ans, qui disputait son... 24e Wimbledon ! L'Américaine, quintuple lauréate du tournoi (2000, 2001, 2005, 2007, 2008) n'a pas écarté l'hypothèse de continuer à jouer sur le circuit jusqu'à ses cinquante ans.

Quand effort rime avec record

Une victoire au bout de l'effort. 3 h 40 et un jeu décisif irrespirable sont nécessaire à Lesia Tsurenko pour écarter Ana Bogdan au 3e tour du tournoi (4/6, 6/3, 7/6 [18]). Dans le troisième set, l'Ukrainienne remporte le plus long jeu décisif de l'histoire du simple féminin en Grand Chelem : 38 points. Le précédent record était de 36 points et datait de Roland-Garros 2015. Tsurenko et Bogdan égalent par ailleurs le record masculin de 38 points (premier set de la victoire d'Andy Roddick face à Jo-Wilfried Tsonga à l'Open d'Australie 2007).

Hsieh Su-wei, royal lady

Hsieh Su-wei continue sa moisson à Wimbledon. La Taiwanaise, associée à Barbora Strýcová, remporte son 4e titre dans le tableau de double du Majeur britannique (après 2013, 2019 et 2021). Les deux joueuses dominent en finale la Belge Elise Mertens et l'Australienne Storm Hunter.

La tristesse de la joueuse pendant la cérémonie a ému les spectateurs.

La Tunisienne a pourtant été épatante à Londres. Sur son parcours jusqu'en finale, Jabeur a ainsi éliminé plusieurs candidates au titre.

À vingt-huit ans, il lui reste évidemment du temps pour reprendre l'histoire là où elle s'est arrêtée et écrire de superbes chapitres. Très appréciée sur le circuit et par le public, on espère bien sûr que de grands trophées viendront garnir son palmarès. Mais entre la nouvelle hiérarchie du tennis féminin – Swiatek, Sabalenka, Rybakina, Gauff – et les nouvelles venues, les fenêtres de tir pour conquérir ce Majeur tant convoité risquent de se raréfier.

Un an seulement après une défaite frustrante face à Elena Rybakina, Ons Jabeur a dû de nouveau s'incliner le samedi, sur le Centre Court.

US Open

NEW KID ON THE BLOCK

Au contraire de la surprise Vondroušová à Wimbledon, le sacre de Coco Gauff était attendu. Peut-être trop. La jeune Américaine, propulsée nouvelle star du tennis alors qu'elle n'avait que quinze ans, a su absorber l'immense pression qui pesait sur ses épaules pour remporter son premier titre du Grand Chelem à « domicile », l'US Open 2023. La Floridienne s'est surtout montrée très forte mentalement pour renverser Aryna Sabalenka dans une finale décousue et marquée par les nombreuses fautes directes de la Biélorusse. Mais au fond, peu importe la manière : en dépit des attentes et de l'adversité, l'étoile Coco Gauff a brillé au firmament du ciel new-yorkais. Et accompli son destin.

La rétro de la quinzaine

L'histoire d'un triomphe attendu

Alors qu'elle n'a que dix-neuf ans, mais déjà plusieurs années de circuit professionnel derrière elle, Cori – dite Coco – Gauff s'impose sur les courts de Flushing Meadows. La Floridienne est la plus jeune lauréate « à domicile » depuis son illustre aînée Serena Williams, en 1999. Elle conclut un spectaculaire été américain où elle remporte à la suite Washington (WTA 500), Cincinnati (WTA 1000) et l'US Open donc.

Sabalenka frustrée mais au sommet

Certes, Aryna Sabalenka joue une nouvelle finale de Grand Chelem. Certes, elle est la première joueuse à atteindre au cours de la même saison les demies des quatre tournois Majeurs depuis Serena Williams (eh oui, encore elle), en 2016. Mais la Biélorusse regrettera sans doute longtemps la cascade de fautes directes (46 au total) alors qu'elle semblait avoir le match bien en main. Superbe lot de consolation néanmoins : à l'issue du tournoi, la native de Minsk s'offre la place de n° 1 mondiale, qu'elle n'avait encore jamais atteinte. Elle devient la 29e joueuse de l'histoire à atteindre le sommet du classement WTA.

Swiatek rentre dans le rang

Sabalenka s'assoit sur le trône du circuit féminin en lieu et place d'Iga Swiatek. La Polonaise, lauréate du tournoi l'an passé, perd à la fois son titre et sa place de n° 1 dès les 8e de finale, emportée par les bourrasques du typhon Jelena Ostapenko. La Lettonne au tennis « bim bam boum » saoule de coups gagnants son adversaire qu'elle bat pour la 4e fois en… quatre confrontations ! Swiatek, qui n'aime pas être privée de temps sur le court, rend les armes en trois manches, après un dernier set cauchemardesque (3/6, 6/3, 6/1). La Polonaise régnait au sommet du circuit WTA depuis le 4 avril 2022, soit 75 semaines consécutives.

Panne sèche pour « Caro » Garcia…

Demi-finaliste la saison passée, Caroline Garcia s'effondre dès le premier tour face à la Chinoise Wang Yafan, 114e mondiale. Après un début de saison plutôt probant, la Française enchaîne les désillusions et chute fortement au classement, étant donné sa somptueuse fin d'année 2022.

… alors que « Caro » Wozniacki impressionne

Trois ans et deux grossesses plus tard, Caroline Wozniacki s'offre un retour remarqué dans un tournoi du Grand Chelem. La Danoise, lauréate de l'Open d'Australie 2018 et ancienne n° 1 mondiale, était retraitée des courts depuis le début de l'année 2020 mais a décidé de reprendre le fil de sa carrière durant l'été 2023. Invitée par les organisateurs à New York, elle domine la qualifiée Tatiana Prozorova avant de signer deux performances de choix face à Petra Kvitová, 11e joueuse mondiale, et Jennifer Brady, une autre revenante. Wozniacki ne s'incline qu'en 8e face à Coco Gauff, future vainqueure du tournoi.

Dabrowksi/Routliffe, duo surprise, duo gagnant

Surprise en double avec la victoire de Gabriela Dabrowksi et Erin Routliffe. En finale, la Canadienne et la Néo-Zélandaise dominent deux joueuses expérimentées, Laura Siegemund et Vera Zvonareva (7/6, 6/3). Avant cela, Dabrowksi et Routliffe écartent plusieurs favorites de la compétition comme Fernandez/Townsend et Hsieh Su-wei/Wang Xinyu. C'est le premier titre ensemble pour la paire canado-néo-zélandaise, et leur premier sacre en Grand Chelem, à titre individuel. Gabriela Dabrowksi comptait déjà deux Majeurs en double mixte, à Roland-Garros 2017 et à l'Open d'Australie 2018.

Page de gauche :

La victoire de Coco Gauff ou la chronique d'un triomphe annoncé.

Emirates Airline
92
SERVE SPEED
CHASE

IHG HOTELS & RESORTS

WTA 1000

LE GRAND PARTAGE

Selon le calendrier chinois, l'année 2023 est celle du lapin (symbole de prudence). Mais pour la WTA, c'était surtout celle du grand partage. Chaque tournoi du Grand Chelem a eu sa lauréate différente et la catégorie des WTA 1000 a suivi cette tendance. À l'exception notable d'Elena Rybakina, qui a décroché deux titres, les cadors du circuit se sont partagé les trophées un peu partout sur la planète. Une championne manque à l'appel, et non des moindres : Iga Swiatek, double finaliste, mais qui n'a pas réussi à garnir son palmarès.

DUBA

Ci-dessus et page de gauche :

Barbora Krejcikova a été intouchable en finale à Dubaï, écœurant Iga Swiatek, la n°1 mondiale en personne.

d'elle alors qu'elle n'était encore qu'adolescente, en 2007. Titrée à deux reprises à Wimbledon (en 2011 et 2014), où son jeu offensif et son service slicé font souvent des merveilles, elle a atteint la 2e place mondiale à son « climax » en 2011. En 15 ans de carrière, elle s'est imposée comme une des stars du circuit féminin, certes assez loin des sœurs Williams ou de Maria Sharapova, mais avec une régularité impressionnante et un capital sympathie particulièrement élevé. Un respect qui s'est encore accru après sa terrible agression au couteau subie chez elle en décembre 2016, lors d'un cambriolage. En plus du choc psychologique, cet épisode tragique avait atteint physiquement la joueuse, qui, en se défendant, avait eu les doigts de la main gauche coupés et les nerfs du pouce et de l'index sectionnés. Elle fera son retour plusieurs mois plus tard en 2017 et mettra longtemps avant de revenir à son meilleur niveau. En 2019, elle passe même toute proche de la place de n° 1 mondiale (si elle avait gagné la finale de l'Open d'Australie face à Naomi Osaka, elle aurait atteint le sommet de la WTA).

Les années passant, la Tchèque a peu à peu quitté la scène des grandes joutes en Majeurs, même si elle a continué à se construire un palmarès très fourni. Mais à Miami, elle a tout simplement remporté un des plus beaux titres de sa carrière. Toujours aussi puissante et parfaitement au point physiquement, la Tchèque a foncé en finale en ne concédant qu'une seule manche (en quart face à Alexandrova). Elle n'était donc plus qu'un à un match d'un 9e sacre en WTA 1000 (les appellations ont changé avec le temps, mais nous parlons bien des tournois de cette même catégorie, juste en dessous des Grands Chelems).

Kvitová était cependant très loin d'être favorite : sa rivale, Elena Rybakina, était alors la joueuse en forme du moment, finaliste du dernier Open d'Australie et titrée à Indian Wells. La finale a été une rencontre assez réjouissante entre deux des meilleures serveuses du circuit, un duel qui est passé tour à tour de bataille acharnée dans le premier set – ponctué d'un tie-break éblouissant conclu 16/14 – à un cavalier seul de Petra Kvitová dans le 2e acte. Vaincue, Rybakina n'est donc pas devenue la cinquième joueuse de l'histoire – après Steffi Graff, Kim Clijsters, Victoria Azarenka et Iga Swiatek – à réaliser le fameux « Sunshine Double » : remporter à la suite Indian Wells/Miami.

Ce 30e titre en carrière, le premier à Miami, est donc un élixir de jouvence pour Kvitová. « C'est sûr que le tie-break a été décisif aujourd'hui, et je pense que c'est le cas pour tout le match », a déclaré la lauréate. « Je pense que c'est le plus long que j'ai joué dans ma vie ! Je suis heureuse d'avoir gagné ce tournoi en partant de rien. Je joue plutôt bien au tennis depuis le début de l'année, mais, vous savez, je n'étais jamais allée très loin encore dans ce tournoi. Enfin, je l'ai gagné… Je prends très positivement le fait de pouvoir rivaliser avec les meilleures joueuses. Tout bouge très vite dans le monde du tennis et je ne peux pas rester là à admirer ce trophée tout le temps. Je dois aller de l'avant, bien sûr, comme tout le monde. Mais cela signifie beaucoup pour moi de savoir que, même à mon âge, je peux encore gagner un grand tournoi. C'est la chose la plus importante. »

Au fait, Kvitová est devenue la première Tchèque à inscrire son nom au palmarès du WTA 1000 de Miami. Preuve que l'appétit du « petit » pays d'Europe centrale, emmené par sa vieille garde ou sa jeunesse prometteuse, est loin d'être rassasié.

Le succès de Kvitova à Miami s'apparente à une seconde jeunesse pour la Tchèque, double lauréate en Grand Chelem.

Sabalenka, une faim d'ocre

C'était le choc de rêve, l'affiche XXL, le blockbuster au casting royal. En quelques mots : le match que tout le monde attendait. La finale du WTA 1000 de Madrid a opposé Iga Swiatek, n° 1 mondiale, à Aryna Sabalenka, n° 2. Et les deux joueuses ont livré un récital de tennis sur les courts de la Caja Magica avec une conclusion inattendue. Inattendue car si la puissance de Sabalenka est capable de mettre KO n'importe qui, la Biélorusse était jusqu'à maintenant sans solution face à docteur Swiatek, experte ès terre battue. La Polonaise avait remporté leurs trois confrontations sur terre, à Stuttgart (deux fois), et Rome, sans avoir concédé le moindre set. Chirurgical.

Mais dès les premiers points, on a senti que Sabalenka était en mission pour tout renverser. Surpuissante mais aussi précise, la Biélorusse a martyrisé la moindre balle qui avait le malheur d'apparaître dans son champ de vision pour mettre son adversaire sur le reculoir. Une stratégie payante avec un premier set remporté 6/3. En coup droit, en revers long de ligne ou bien croisé, Sabalenka a continué à puiser dans sa panoplie à « hot-shots ». Swiatek, fidèle à son jeu, a bien tenté de pousser son adversaire à jouer un coup de plus, réussissant au passage quelques merveilles en défense. Mais si son adversaire a forcément commis quelques fautes, elle n'a jamais dévié de son plan de jeu et de ses intentions de dicter le rythme. Et à 6-3, 3-3, 15-40, Sabalenka avait une main sur le trophée et semblait prête à renverser la reine de la terre... En immense championne, Iga Swiatek n'a alors pas baissé les bras. Opportuniste et toujours aussi juste dans sa science du jeu sur terre, elle a su convertir ses rares occasions pour égaliser à une manche partout.

Sans broncher, Sabalenka est repartie à l'attaque. Le duel, toujours somptueux, est resté indécis jusqu'au bout tant Swiatek a défendu son statut de n° 1, sauvant notamment trois balles de match. Mais à force de subir les assauts de la tempête, la digue a fini par céder. Impressionnante d'énergie, d'engagement et de courage, Sabalenka a fini par faire parler sa puissance une ultime fois pour conquérir son 2e titre à Madrid après 2021 (et une victoire finale face à Ashleigh Barty).

La Biélorusse a enfin trouvé la solution à l'équation (Swiatek + terre = ?), donnant une leçon à ciel ouvert sur la façon de dominer la meilleure joueuse du monde sur cette surface : mettre de l'intensité du début à la fin, ne jamais relâcher la pression, et priver la Polonaise de temps pour l'empêcher de s'organiser (32 coups gagnants sur l'ensemble des trois sets). Difficile de parler de mauvais match pour Swiatek, qui est tout simplement tombée sur une adversaire au niveau de jeu étincelant.

« C'était un combat tellement difficile, vraiment intense », a soufflé la Biélorusse. « Ce sont toujours des batailles compliquées face à Iga, elle me pousse toujours à mes limites mais j'adore vraiment ça. J'espère qu'on va pouvoir se retrouver en finale d'autres fois. Cette victoire, surtout sur terre battue, c'est quelque chose d'incroyable. Je suis vraiment heureuse d'être capable de rivaliser avec elle et de gagner, comme ça, ce n'est pas hyper ennuyeux pour les gens de regarder nos matchs ! »

Sabalenka en majesté dans un océan de bleu et d'ocre.

Combative, Swiatek a cependant fini par céder sur ocre contre Sabalenka.

Montréal/Cincinnati : American Heroes

Quarante-neuf minutes, pas une de plus. Il ne fallait pas arriver en retard au stade IGA de Montréal pour assister au récital de Jessica Pegula. Après avoir battu la vraie Iga (Swiatek) en demie, l'Américaine n'a laissé que des miettes à la pauvre Liudmila Samsonova, écrasée en finale sur le score de 6/1, 6/0. Il faut dire que la Russe, tête de série n°15, avait des raisons d'être épuisée: elle a dû jouer cette finale seulement deux heures après sa demie, un succès en trois sets face à la Kazakhstanaise Elena Rybakina, le match ayant été reporté en raison de pluies torrentielles sur Montréal.

Quant à Pegula, elle a déroulé son tennis efficace, avec notamment 100 % de points remportés derrière sa première balle (19/19). Un peu gênée par les conditions entourant ce sacre, l'Américaine s'est montrée sobre à l'heure de commenter son succès. « Je sais que l'horaire n'était pas en sa faveur. C'est nul quand tu sens que tu ne joues pas dans des conditions équitables, surtout pour quelqu'un comme elle, qui est tellement forte. Personnellement, j'essayais à chaque fois de faire le break et de tenir mon service autant que je pouvais jusqu'à la victoire », a réagi la lauréate. À savoir : il n'est pas nécessaire de remonter bien loin dans le temps pour trouver trace d'une finale aussi rapide. En 2021, à Rome, Iga Swiatek avait pulvérisé Karolina Plíšková en 46 minutes.

Autre curiosité : il s'agit seulement du troisième titre en carrière pour Pegula, 3e meilleure joueuse du monde tout de même, après Washington en 2019 et le WTA 1000 mexicain de Guadalajara en 2022. Malgré cette finale tronquée, impossible de faire la fine bouche devant son parcours où elle a écœuré Yulia Putintseva et Jasmine Paolini lors des premiers tours avant de faire plier deux favorites, Coco Gauff et Iga Swiatek en quart puis en demie. Fille du milliardaire américain Terry Pegula (propriétaire notamment de deux grandes franchises du sport US), Jessica n'a eu besoin de personne pour toucher le pactole à Montréal.

La tournée nord-américaine a décidément été marquée au fer rouge par les joueuses de la bannière étoilée. Quelques jours après Montréal, c'est Coco Gauff qui s'est imposée en finale de Cincinnati. Et une fois encore, c'est en battant la n° 1 mondiale Iga Swiatek que la route vers le titre s'est éclaircie. Jusqu'ici, en sept confrontations, la Floridienne n'avait jamais trouvé la clef face au verrou polonais. Mais transportée par un public américain qui n'avait d'yeux que pour elle, Gauff a remporté la bataille des nerfs et su capitaliser sur les errements (comprenez les nombreuses fautes directes) de sa prestigieuse adversaire pour enfin vaincre le signe indien. « Ce n'est pas uniquement lié à elle, ça me donne la conviction que je peux dominer beaucoup de joueuses si j'arrive à la battre. Elle a gagné quatre Grands Chelems, elle est n° 1. Ça montre que je peux aussi évoluer à ce niveau. »

Le plus dur était fait pour Gauff, qui a transformé l'essai en dominant en finale Karolína Muchová. Comme à Roland-Garros, la Tchèque au magnifique jeu de variations a réussi un exploit majuscule pour dominer Aryna Sabalenka en demie. Mais elle a ensuite cédé face au cocktail de fougue, de détermination et surtout de talent, proposé par Coco Gauff. « Karolína n'est pas une adversaire facile, je pense qu'elle est l'une des joueuses les plus talentueuses du circuit. De mon côté, je suis très heureuse. Je peux encore m'améliorer sur certains points. Aujourd'hui, j'ai gagné principalement en breakant. Je n'ai pas servi aussi bien que contre Iga. Je ne sais pas si c'est à cause de la nervosité. Je ne me sentais pas aussi tendue. C'est peut-être aussi dû au match long d'hier. Je pense que c'est une caractéristique des champions : la façon dont vous jouez à un certain niveau quand vous ne vous sentez pas bien sur le terrain. Je suis heureuse d'avoir réussi à tout surmonter. »

À « Cincy », la joueuse de dix-neuf ans est devenue la plus jeune lauréate du tournoi. Elle a franchi un cap et créé une dynamique qu'elle confirmera moins d'un mois plus tard, quelque mille kilomètres plus à l'est. Dans la Ville qui ne dort jamais.

Page de gauche:

Jessica Pegula est une des joueuses les plus régulières du circuit, membre du top 10 depuis mai 2022.

Page de gauche

Coco Gauff s'est montrée plus solide que Karolina Muchova pour s'offrir le titre dans l'Ohio… voie royale vers les terrains de Flushing Meadows.

OPEN D'AUSTRALIE
SIMPLE MESSIEURS

Joueurs	1er tour	Score
1. Rafael Nadal / 2. Jack Draper	RAFAEL NADAL	7/5 2/6 6/4 6/1
3. Brandon Nakashima / 4. Mackenzie McDonald	MACKENZIE MCDONALD	7/6 7/6 1/6 6/7 6/4
5. Jaume Munar / 6. Dalibor Svrcina	DALIBOR SVRCINA	6/3 6/2 6/2
7. Mikael Ymer / 8. Yoshihito Nishioka	YOSHIHITO NISHIOKA	6/4 6/2 7/5
9. Karen Khachanov / 10. Bernabé Zapata	KAREN KHACHANOV	7/6 6/2 6/0
11. Sebastián Báez / 12. Jason Kubler	JASON KUBLER	6/4 6/4 6/4
13. Oscar Otte / 14. Juncheng Shang	JUNCHENG SHANG	6/2 6/4 6/7 7/5
15. Daniel Altmaier / 16. Frances Tiafoe	FRANCES TIAFOE	6/3 6/3 6/7 7/6
17. Hubert Hurkacz / 18. Pedro Martínez	HUBERT HURKACZ	7/6 6/2 6/2
19. Lorenzo Sonego / 20. Nuno Borges	LORENZO SONEGO	7/6 6/3 6/7 6/1
21. Ernesto Escobedo / 22. Taro Daniel	TARO DANIEL	7/5 6/2 3/6 6/3
23. Dušan Lajovic / 24. Denis Shapovalov	DENIS SHAPOVALOV	6/4 1/6 6/3 6/2
25. Sebastian Korda / 26. Cristian Garín	SEBASTIAN KORDA	6/4 1/6 6/3 6/2
27. Yosuke Watanuki / 28. Arthur Rinderknech	YOSUKE WATANUKI	6/3 6/3 6/2
29. John Millman / 30. Marc-Andrea Hüsler	JOHN MILLMAN	6/7 7/5 6/7 6/2 6/3
31. Marcos Giron / 32. Daniil Medvedev	DANIIL MEDVEDEV	6/0 6/1 6/2
33. Stefanos Tsitsipas / 34. Quentin Halys	STEFANOS TSITSIPAS	6/3 6/4 7/6
35. Yannick Hanfmann / 36. Rinky Hijikata	RINKY HIJIKATA	4/6 4/6 6/3 7/6 6/3
37. Tallon Griekspoor / 38. Pavel Kotov	TALLON GRIEKSPOOR	6/3 7/6 6/3
39. Ilya Ivashka / 40. Botic van de Zandschulp	BOTIC VAN DE ZANDSCHULP	6/3 3/6 7/5 6/3
41. Lorenzo Musetti / 42. Lloyd Harris	LLOYD HARRIS	6/4 6/1 6/7 2/6 7/6
43. Federico Coria / 44. Márton Fucsovics	MÁRTON FUCSOVICS	4/6 7/5 2/6 7/6 6/2
45. Tomás Etcheverry / 46. Grégoire Barrère	TOMÁS ETCHEVERRY	3/6 6/3 6/4 6/4
47. Kyle Edmund / 48. Jannik Sinner	JANNIK SINNER	6/4 6/0 6/2
49. Cameron Norrie / 50. Luca Van Assche	CAMERON NORRIE	7/6 6/0 6/3
51. Thiago Monteiro / 52. Constant Lestienne	CONSTANT LESTIENNE	6/3 7/6 6/3
53. Christopher Eubanks / 54. Soonwoo Kwon	CHRISTOPHER EUBANKS	6/3 6/7 6/3 4/6 6/4
55. Jirí Lehecka / 56. Borna Coric	JIRÍ LEHECKA	6/3 6/3 6/3
57. Francisco Cerúndolo / 58. Guido Pella	FRANCISCO CERÚNDOLO	6/4 6/4 6/3
59. Corentin Moutet / 60. Yibing Wu	CORENTIN MOUTET	6/4 5/7 6/2 4/6 7/5
61. Alex Molcan / 62. Stan Wawrinka	ALEX MOLCAN	6/7 6/3 1/6 7/6 6/4
63. Vasek Pospisil / 64. Félix Auger-Aliassime	FÉLIX AUGER-ALIASSIME	1/6 7/6 7/6 6/3
65. Andrey Rublev / 66. Dominic Thiem	ANDREY RUBLEV	6/3 6/4 6/2
67. Max Purcell / 68. Emil Ruusuvuori	EMIL RUUSUVUORI	4/6 6/3 6/4 7/6
69. Daniel Galán / 70. Jérémy Chardy	JÉRÉMY CHARDY	1/6 7/5 6/1 6/4
71. Facundo Bagnis / 72. Daniel Evans	DANIEL EVANS	6/4 4/6 6/4 6/4
73. Denis Kudla / 74. Roman Safiullin	DENIS KUDLA	3/6 7/5 7/6 6/3
75. Richard Gasquet / 76. Ugo Humbert	UGO HUMBERT	6/3 6/4 6/3
77. Maxime Cressy / 78. Albert Ramos	MAXIME CRESSY	7/6 7/5 3/6 6/3
79. Filip Krajinovic / 80. Holger Rune	HOLGER RUNE	6/2 6/3 6/4
81. Pablo Carreño / 82. Pedro Cachín	PABLO CARREÑO	7/6 6/1 7/6
83. Mattia Bellucci / 84. Benjamin Bonzi	BENJAMIN BONZI	4/6 6/3 7/6 6/4
85. John Isner / 86. Adrian Mannarino	ADRIAN MANNARINO	6/7 7/6 6/2 6/2
87. Yu Hsiou Hsu / 88. Alex De Minaur	ALEX DE MINAUR	6/2 6/2 6/3
89. Grigor Dimitrov / 90. Aslan Karatsev	GRIGOR DIMITROV	7/6 7/5 6/2
91. Zizou Bergs / 92. Laslo Djere	LASLO DJERE	6/4 1/6 6/4 6/1
93. Enzo Couacaud / 94. Hugo Dellien	ENZO COUACAUD	6/4 7/5 6/0
95. Roberto Carballés / 96. Novak Djokovic	NOVAK DJOKOVIC	6/3 6/4 6/0
97. Taylor Fritz / 98. Nikoloz Basilashvili	TAYLOR FRITZ	6/4 6/2 4/6 7/5
99. Chun Hsin Tseng / 100. Alexei Popyrin	ALEXEI POPYRIN	4/6 7/6 6/7 7/6 6/1
101. Ben Shelton / 102. Zhizhen Zhang	BEN SHELTON	4/6 6/3 6/2 2/6 7/6
103. Nicolás Jarry / 104. Miomir Kecmanovic	NICOLÁS JARRY	6/3 6/4 7/6
105. Diego Schwartzman / 106. Oleksii Krutykh	DIEGO SCHWARTZMAN	6/4 6/7 6/3 7/6
107. J.J. Wolf / 108. Jordan Thompson	J.J. WOLF	6/3 3/6 6/4 7/5
109. Michael Mmoh / 110. Laurent Lokoli	MICHAEL MMOH	4/6 2/6 7/6 6/4 6/2
111. Juan Pablo Varillas / 112. Alexander Zverev	ALEXANDER ZVEREV	4/6 6/1 5/7 7/6 6/4
113. Matteo Berrettini / 114. Andy Murray	ANDY MURRAY	6/3 6/3 4/6 6/7 7/6
115. Thanasi Kokkinakis / 116. Fabio Fognini	THANASI KOKKINAKIS	6/1 6/2 6/2
117. Aleksandar Vukic / 118. Brandon Holt	BRANDON HOLT	6/4 1/6 6/3 3/6 6/3
119. João Sousa / 120. Roberto Bautista	ROBERTO BAUTISTA	6/3 6/2 6/2
121. Alejandro Davidovich / 122. Alexander Bublik	ALEJANDRO DAVIDOVICH	6/0 6/7 3/6 6/4 6/3
123. Jan-Lennard Struff / 124. Tommy Paul	TOMMY PAUL	6/1 7/6 6/2
125. Christopher O'Connell / 126. Jenson Brooksby	JENSON BROOKSBY	3/6 6/2 6/3 6/2
127. Tomáš Machác / 128. Casper Ruud	CASPER RUUD	6/3 7/6 6/7 6/3

2e tour

- M. MCDONALD 6/4 6/4 7/5
- Y. NISHIOKA 6/3 6/4 6/2
- K. KHACHANOV 6/4 5/7 6/4 6/2
- F. TIAFOE 6/4 6/4 6/1
- H. HURKACZ 3/6 7/6 2/6 6/3 6/3
- D. SHAPOVALOV 6/3 7/6 7/5
- S. KORDA 6/2 7/5 6/4
- D. MEDVEDEV 7/5 6/2 6/2
- S. TSITSIPAS 6/3 6/0 6/2
- T. GRIEKSPOOR 6/4 6/4 6/4
- M. FUCSOVICS 6/2 6/3 5/7 6/4
- J. SINNER 6/3 6/2 6/2
- C. NORRIE 6/3 3/6 7/6 6/3
- J. LEHECKA 6/4 6/4 3/6 6/3
- F. CERÚNDOLO 3/6 6/4 6/2 7/5
- F. AUGER-ALIASSIME 3/6 3/6 6/3 6/2 6/2
- A. RUBLEV 6/2 6/4 6/7 6/3
- D. EVANS 6/4 6/4 6/1
- U. HUMBERT 6/2 6/7 6/2 6/4
- H. RUNE 7/5 6/4 6/4
- B. BONZI 4/6 4/6 7/6 6/1 7/6
- A. DE MINAUR 7/6 4/6 6/4 6/1
- G. DIMITROV 6/3 6/2 6/0
- N. DJOKOVIC 6/1 6/7 6/2 6/0
- A. POPYRIN 6/7 7/6 6/4 6/7 6/2
- B. SHELTON 7/6 7/6 7/5
- J.J. WOLF 6/1 6/4 6/4
- M. MMOH 6/7 6/4 6/3 6/2
- A. MURRAY 4/6 6/7 7/6 6/3 7/5
- R. BAUTISTA 4/6 2/6 6/3 6/2 6/2
- T. PAUL 6/2 2/6 6/7 6/3 6/4
- J. BROOKSBY 6/3 7/5 6/7 6/2

3e tour

- Y. NISHIOKA 7/6 6/3 6/2
- K. KHACHANOV 6/3 6/4 3/6 7/6
- H. HURKACZ 7/6 6/4 1/6 4/6 6/3
- S. KORDA 7/6 6/3 7/6
- S. TSITSIPAS 6/2 7/6 6/3
- J. SINNER 4/6 4/6 6/1 6/2 6/0
- J. LEHECKA 6/7 6/3 3/6 6/1 6/4
- F. AUGER-ALIASSIME 6/1 3/6 6/1 6/4
- A. RUBLEV 6/4 6/2 6/3
- H. RUNE 6/4 6/2 7/6
- A. DE MINAUR 7/6 6/2 6/1
- N. DJOKOVIC 7/6 6/3 6/4
- B. SHELTON 6/3 7/6 6/4
- J.J. WOLF 6/4 6/1 6/2
- R. BAUTISTA 6/1 6/7 6/3 6/4
- T. PAUL 6/1 6/4 6/3

Huitièmes

- K. KHACHANOV 6/0 6/0 7/6
- S. KORDA 3/6 6/3 6/2 1/6 7/6
- S. TSITSIPAS 6/4 6/4 3/6 4/6 6/3
- J. LEHECKA 4/6 6/3 7/6 7/6
- A. RUBLEV 6/3 3/6 6/3 4/6 7/6
- N. DJOKOVIC 6/2 6/1 6/2
- B. SHELTON 6/7 6/2 6/7 7/6 6/2
- T. PAUL 6/2 6/4 6/2 7/5

Quarts

- K. KHACHANOV 7/6 6/3 3/0 ab.
- S. TSITSIPAS 6/3 7/6 6/4
- N. DJOKOVIC 6/1 6/2 6/4
- T. PAUL 7/6 6/3 5/7 6/4

Demi-finales

- S. TSITSIPAS 7/6 6/4 6/7 6/3
- N. DJOKOVIC 7/5 6/1 6/2

Finale

N. DJOKOVIC
6/3 7/6 7/6

TÊTES DE SÉRIE

1. NADAL
2. RUUD
3. TSITSIPÁS
4. DJOKOVIC
5. RUBLEV
6. AUGER-ALIASSIME
7. MEDVEDEV
8. FRITZ
9. RUNE
10. HURKACZ

OPEN D'AUSTRALIE
SIMPLE DAMES

1. Iga Swiatek
2. Jule Niemeier
3. Panna Udvardy
4. Camila Osorio
5. Cristina Bucsa
6. Eva Lys
7. Bianca Andreescu
8. Marie Bouzková
9. Elena Rybakina
10. Elisabetta Cocciaretto
11. Kaja Juvan
12. Selena Janicijevic
13. Lesia Tsurenko
14. Karolína Muchová
15. Anna Kalinskaya
16. Danielle Collins
17. Laura Pigossi
18. Caty McNally
19. Kamilla Rakhimova
20. Kateryna Baindl
21. Anna Bondár
22. Ana Bogdan
23. Dayana Yastremska
24. Jelena Ostapenko
25. Qinwen Zheng
26. Dalma Gálfi
27. Bernarda Pera
28. Moyuka Uchijima
29. Emma Raducanu
30. Tamara Korpatsch
31. Katerina Siniaková
32. Coco Gauff
33. Jessica Pegula
34. Jaqueline Cristian
35. Brenda Fruhvirtová
36. Aliaksandra Sasnovich
37. Polina Kudermetova
38. Olivia Gadecki
39. Marta Kostyuk
40. Amanda Anisimova
41. Barbora Krejcíková
42. Sára Bejlek
43. Talia Gibson
44. Clara Burel
45. CoCo Vandeweghe
46. Anhelina Kalinina
47. Alison Van Uytvanck
48. Petra Kvitová
49. Madison Keys
50. Anna Blinkova
51. Xinyu Wang
52. Storm Hunter
53. Léolia Jeanjean
54. Nadia Podoroska
55. Sofia Kenin
56. Victoria Azarenka
57. Jil Teichmann
58. Harriet Dart
59. Lin Zhu
60. Rebecca Marino
61. Kristina Kucová
62. Diana Shnaider
63. Yue Yuan
64. Maria Sakkari
65. Daria Kasatkina
66. Varvara Gracheva
67. Lucrezia Stefanini
68. Tatjana Maria
69. Sorana Cirstea
70. Yulia Putintseva
71. Xiyu Wang
72. Karolína Plíšková
73. Shuai Zhang
74. Patricia Tig
75. Petra Martic
76. Viktorija Golubic
77. Katie Volynets
78. Evgeniya Rodina
79. Maryna Zanevska
80. Veronika Kudermetova
81. Anett Kontaveit
82. Julia Grabher
83. Mayar Sherif
84. Magda Linette
85. Diane Parry
86. Taylor Townsend
87. Ysaline Bonaventure
88. Ekaterina Alexandrova
89. Irina Begu
90. Elizabeth Mandlik
91. Lucia Bronzetti
92. Laura Siegemund
93. Leylah Fernandez
94. Alizé Cornet
95. Katherine Sebov
96. Caroline Garcia
97. Aryna Sabalenka
98. Tereza Martincová
99. Arianne Hartono
100. Shelby Rogers
101. Lauren Davis
102. Danka Kovinic
103. Garbiñe Muguruza
104. Elise Mertens
105. Martina Trevisan
106. Anna Karolína Schmiedlová
107. Anastasia Pavlyuchenkova
108. Camila Giorgi
109. Claire Liu
110. Madison Brengle
111. Viktoriya Tomova
112. Belinda Bencic
113. Beatriz Haddad Maia
114. Nuria Párrizas
115. Sloane Stephens
116. Anastasia Potapova
117. Donna Vekic
118. Oksana Selekhmeteva
119. Jasmine Paolini
120. Liudmila Samsonova
121. Kaia Kanepi
122. Kimberly Birrell
123. Linda Fruhvirtová
124. Jaimee Fourlis
125. Alison Riske-Amritraj
126. Markéta Vondroušová
127. Tamara Zidanšek
128. Ons Jabeur

1er tour	Score
IGA SWIATEK	6/4 7/5
CAMILA OSORIO	6/4 6/1
CRISTINA BUCSA	6/6 6/0 6/2
BIANCA ANDREESCU	6/2 6/4
ELENA RYBAKINA	7/5 6/3
KAJA JUVAN	7/5 6/1
KAROLÍNA MUCHOVÁ	6/2 6/1
DANIELLE COLLINS	7/5 5/7 6/4
CATY MCNALLY	7/5 6/1
KATERYNA BAINDL	7/5 6/7 6/1
ANNA BONDÁR	6/2 2/6 6/3
JELENA OSTAPENKO	6/4 6/2
QINWEN ZHENG	2/6 6/3 6/1
BERNARDA PERA	2/6 6/3 6/1
EMMA RADUCANU	6/3 6/2
COCO GAUFF	6/1 6/4
JESSICA PEGULA	6/0 6/1
ALIAKSANDRA SASNOVICH	7/5 6/2
OLIVIA GADECKI	7/5 6/1
MARTA KOSTYUK	6/3 6/4
BARBORA KREJCÍKOVÁ	6/ 6/1
CLARA BUREL	6/3 6/4
ANHELINA KALININA	6/3 6/1
PETRA KVITOVÁ	7/6 6/2
MADISON KEYS	6/4 3/6 6/2
XINYU WANG	7/6 6/4
NADIA PODOROSKA	6/0 6/3
VICTORIA AZARENKA	6/4 7/6
JIL TEICHMANN	7/5 6/1
LIN ZHU	6/2 6/4
DIANA SHNAIDER	7/6 7/5
MARIA SAKKARI	6/1 6/4
VARVARA GRACHEVA	6/1 6/1
LUCREZIA STEFANINI	3/6 7/5 6/4
YULIA PUTINTSEVA	2/6 6/4 6/3
KAROLÍNA PLÍŠKOVÁ	6/1 6/3
SHUAI ZHANG	6/1 6/4 6/0
PETRA MARTIC	6/3 6/4
KATIE VOLYNETS	6/3 6/2
VERONIKA KUDERMETOVA	6/2 7/6
ANETT KONTAVEIT	6/2 6/3
MAGDA LINETTE	7/5 6/1
TAYLOR TOWNSEND	6/1 6/1
EKATERINA ALEXANDROVA	6/2 6/1
IRINA BEGU	3/6 7/6 6/2
LAURA SIEGEMUND	2/6 6/4 6/3
LEYLAH FERNANDEZ	7/5 6/2
CAROLINE GARCIA	6/3 6/0
ARYNA SABALENKA	6/1 6/4
SHELBY ROGERS	6/4 6/3
LAUREN DAVIS	1/6 7/5 6/1
ELISE MERTENS	3/6 7/6 6/1
ANNA KAROLÍNA SCHMIEDLOVÁ	6/3 6/2
CAMILA GIORGI	6/0 6/1
CLAIRE LIU	6/3 6/4
BELINDA BENCIC	6/1 6/2
NURIA PÁRRIZAS	7/6 6/2
ANASTASIA POTAPOVA	7/6 6/4
DONNA VEKIC	6/2 2/6 7/6
LIUDMILA SAMSONOVA	6/2 6/4
KIMBERLY BIRRELL	3/6 7/6 6/1
LINDA FRUHVIRTOVÁ	6/0 6/4
MARKÉTA VONDROUŠOVÁ	5/7 6/1 6/4
ONS JABEUR	7/6 4/6 6/1

2e tour	Score
I. SWIATEK	6/2 6/3
C. BUCSA	2/6 7/5 6/4
E. RYBAKINA	6/2 6/1
D. COLLINS	6/7 6/2 7/6
K. BAINDL	6/1 7/6
J. OSTAPENKO	7/6 5/7 6/0
B. PERA	6/4 6/4
C. GAUFF	6/3 7/6
J. PEGULA	6/2 7/6
M. KOSTYUK	6/2 6/1
B. KREJCÍKOVÁ	6/4 6/1
A. KALININA	7/5 6/4
M. KEYS	6/3 6/2
V. AZARENKA	6/1 6/0
L. ZHU	6/2 6/2
M. SAKKARI	3/6 7/5 6/3
V. GRACHEVA	6/3 6/1
K. PLÍŠKOVÁ	6/0 7/5
S. ZHANG	6/3 6/3
K. VOLYNETS	6/4 2/6 6/2
M. LINETTE	3/6 6/3 6/4
E. ALEXANDROVA	1/6 6/2 6/3
L. SIEGEMUND	5/7 7/5 6/3
C. GARCIA	7/6 7/5
A. SABALENKA	6/3 6/1
E. MERTENS	6/4 6/3
C. GIORGI	6/4 6/3
B. BENCIC	7/6 6/3
N. PÁRRIZAS	6/3 6/2
D. VEKIC	6/3 6/0
L. FRUHVIRTOVÁ	6/3 6/2
M. VONDROUŠOVÁ	6/1 5/7 6/1

3e tour	Score
I. SWIATEK	6/0 6/1
E. RYBAKINA	6/2 5/7 6/2
J. OSTAPENKO	6/3 6/0
C. GAUFF	6/3 6/2
J. PEGULA	6/0 6/2
B. KREJCÍKOVÁ	6/2 6/3
V. AZARENKA	1/6 6/2 6/1
L. ZHU	7/6 1/6 6/4
K. PLÍŠKOVÁ	6/4 6/2
S. ZHANG	6/3 6/2
M. LINETTE	6/3 6/4
C. GARCIA	1/6 6/3 6/3
A. SABALENKA	6/2 6/3
B. BENCIC	6/2 7/5
D. VEKIC	6/2 6/2
L. FRUHVIRTOVÁ	7/5 2/6 6/3

8e de finale	Score
E. RYBAKINA	6/4 6/4
J. OSTAPENKO	7/5 6/3
J. PEGULA	7/5 6/2
V. AZARENKA	4/6 6/1 6/4
K. PLÍŠKOVÁ	6/0 6/4
M. LINETTE	7/6 6/4
A. SABALENKA	7/5 6/2
D. VEKIC	6/2 1/6 6/3

Quart de finale	Score
E. RYBAKINA	6/2 6/4
V. AZARENKA	6/4 6/1
M. LINETTE	6/3 7/5
A. SABALENKA	6/3 6/2

Demi-finale	Score
E. RYBAKINA	7/6 6/3
A. SABALENKA	7/6 6/2

Finale	Score
A. SABALENKA	4/6 6/3 6/4

TÊTES DE SÉRIE

1. SWIATEK
2. JABEUR
3. PEGULA
4. GARCIA
5. SABALENKA
6. SÁKKARI
7. GAUFF
8. KASATKINA
9. KUDERMETOVA
10. KEYS

ROLAND-GARROS
SIMPLE MESSIEURS

1. Alcaraz
2. Cobolli
3. O'Connell
4. Daniel
5. Arnaldi
6. Galan
7. Nakashima
8. Shapovalov
9. Musetti
10. Ymer
11. Shevchenko
12. Otte
13. Pouille
14. Rodionov
15. Paire
16. Norrie
17. Auger-Aliassime
18. Fognini
19. Kubler
20. Diaz Acosta
21. Ofner
22. Cressy
23. McDonald
24. Korda
25. Zapata Miralles
26. Schwartzman
27. Isner
28. Borges
29. Carballes Baena
30. Nava
31. Vesely
32. Tsitsipas
33. Djokovic
34. Kovacevic
35. Fucsovics
36. Grenier
37. Van Assche
38. Cecchinato
39. Fils
40. Davidovich Fokina
41. Bautista Agut
42. Wu
43. Shang
44. Varillas
45. Martinez Portero
46. Griekspoor
47. Goffin
48. Hurkacz
49. Khachanov
50. Lestienne
51. Kypson
52. Albot
53. Wawrinka
54. Ramos
55. Kokkinakis
56. Evans
57. Shelton
58. Sonego
59. Mannarino
60. Humbert
61. Cazaux
62. Moutet
63. Djere
64. Rublev
65. Rune
66. Eubanks
67. Monfils
68. Baez
69. Mpetshi Perricard
70. Olivieri
71. Vavassori
72. Kecmanovic
73. Cerundolo
74. Munar
75. Monteiro
76. Hanfmann
77. Gasquet
78. Rinderknech
79. Mmoh
80. Fritz
81. Paul
82. Stricker
83. Jarry
84. Dellien
85. Medjedovic
86. Giron
87. Lehecka
88. Struff
89. Van De Zandschulp
90. Tirante
91. Zhang
92. Lajovic
93. Bublik
94. Zeppieri
95. Ymer
96. Rudd
97. Sinner
98. Muller
99. Altmaier
100. Huesler
101. Ruusuvuori
102. Barrère
103. Skatov
104. Dimitrov
105. Zverev
106. Harris
107. Gaston
108. Molcan
109. Popyrin
110. Karatsev
111. Krajinovic
112. Tiafoe
113. Coric
114. Coria
115. Thiem
116. Cachin
117. Draper
118. Etcheverry
119. Ivashka
120. De Minaur
121. Nishioka
122. Wolf
123. Purcell
124. Thompson
125. Halys
126. Pella
127. Seyboth Wild
128. Medvedev

ALCARAZ	6/3 6/1 6/0
DANIEL	6/3 6/4 3/6 6/3
ARNALDI	6/2 6/4 6/7 6/1
SHAPOVALOV	6/2 6/1 6/2
MUSETTI	6/1 6/1 6/1
SHEVCHENKO	3/6 6/2 6/3 6/1
POUILLE	6/1 6/3 4/6 6/3
NORRIE	6/3 1/6 6/4 6/2
FOGNINI	2/6 2/6 6/1 6/3 6/3
KUBLER	6/3 4/6 6/4 3/6 7/6
OFNER	6/4 6/7 6/7 7/6 6/4
KORDA	7/66/26/3
SCHWARTZMAN	6/33/66/36/2
BORGES	6/4 7/5 6/4
CARBALLES BAENA	2/6 6/3 7/6 6/3
TSITSIPAS	6/2 6/2 6/2
DJOKOVIC	6/2 6/4 6/4
FUCSOVICS	6/3 3/6 6/4 6/3
VAN ASSCHE	6/42/64/67/66/2
DAVIDOVICH FOKINA	2/6 6/0 6/4 6/3
BAUTISTA AGUT	7/6 4/6 7/6 7/6
VARILLAS	3/6 6/2 0/6 6/3 6/4
GRIEKSPOOR	7/6 6/3 7/5
HURKACZ	7/6 3/6 6/3 4/6 6/4
KHACHANOV	7/5 6/2 6/0
ALBOT	7/6 7/6 7/6
WAWRINKA	6/3 6/2 6/4
KOKKINAKIS	6/3 2/6 6/4 6/4
SONEGO	6/1 7/5 7/6
HUMBERT	6/1 6/3 6/4
MOUTET	6/4 4/6 6/4 7/6
RUBLEV	6/4 6/2 6/0
RUNE	6/7 7/6 6/2 7/6
MONFILS	6/2 2/6 6/7 6/4 6/2
OLIVIERI	6/7 6/1 4/6 6/1 6/4
VAVASSORI	6/2 6/2 6/1
CERUNDOLO	7/5 7/5 7/6
HANFMANN	6/44/66/46/4
RINDERKNECH	4/64/66/07/56/0
FRITZ	7/5 6/2 7/5
PAUL	6/3 6/1 7/6
JARRY	2/6 6/4 6/4 7/6
GIRON	6/1 3/6 6/2 6/3
LEHECKA	4/6 6/2 6/3 0/6 7/6
TIRANTE	7/6 6/4 6/4
ZHANG	6/2 6/4 6/2
ZEPPIERI	6/3 4/6 7/5 6/4
RUDD	5/7 4/6 6/2 6/3 6/2
SINNER	6/1 6/4 6/1
ALTMAIER	6/3 6/4 6/1
RUUSUVUORI	6/2 6/7 5/7 6/1 6/4
DIMITROV	6/0 6/3 6/2
ZVEREV	7/6 7/6 6/1
MOLCAN	6/1 7/6 6/4
KARATSEV	6/3 6/7 6/1 6/2
TIAFOE	6/3 6/4 6/2
CORIC	7/6 6/7 6/3 6/3
CACHIN	6/3 6/2 6/7 4/6 6/2
ETCHEVERRY	6/4 1/0 AB
DE MINAUR	6/1 5/7 6/1 6/3
NISHIOKA	1/6 3/6 6/4 6/3 6/3
PURCELL	7/5 1/6 6/4 6/4
PELLA	6/4 6/7 2/6 7/6 7/6
SEYBOTH WILD	7/6 6/7 2/6 6/3 6/4

ALCARAZ	6/1 3/6 6/1 6/2
SHAPOVALOV	6/2 3/6 6/3 6/3
MUSETTI	6/1 6/1 6/2
NORRIE	6/1 6/3 6/3
FOGNINI	6/4 7/6 6/4
OFNER	6/3 7/6 6/4
SCHWARTZMAN	7/6 6/4 6/3
TSITSIPAS	6/3 7/6 6/2
DJOKOVIC	7/6 6/0 6/3
DAVIDOVICH FOKINA	6/4 6/3 7/6
VARILLAS	1/6 4/6 6/3 6/1 6/1
HURKACZ	6/3 5/7 6/7 7/6 6/4
KHACHANOV	6/3 6/4 6/2
KOKKINAKIS	3/6 7/5 6/3 6/7 6/3
SONEGO	6/4 6/3 7/6
RUBLEV	6/4 6/2 3/6 6/3
RUNE	AB
OLIVIERI	7/6 3/6 6/4 7/6
CERUNDOLO	6/3 6/3 6/4
FRITZ	2/6 6/4 6/3 6/4
JARRY	3/6 6/1 6/4 7/5
GIRON	6/2 6/3 6/2
ZHANG	7/6 6/3 6/4
RUDD	6/3 6/2 4/6 7/5
ALTMAIER	6/7 7/6 1/6 7/6 7/5
DIMITROV	7/6 6/3 6/4
ZVEREV	6/4 6/2 6/1
TIAFOE	3/6 6/3 7/5 6/2
CORIC	6/3 4/6 4/6 6/3 6/4
ETCHEVERRY	6/3 7/6 6/3
NISHIOKA	4/6 6/2 7/5 6/4
SEYBOTH WILD	6/3 3/6 6/4 6/3

ALCARAZ	6/1 6/4 6/2
MUSETTI	6/1 6/2 6/4
OFNER	5/7 6/3 7/5 1/6 6/4
TSITSIPAS	6/2 6/2 6/3
DJOKOVIC	7/6 7/6 6/2
VARILLAS	3/6 6/3 7/6 4/6 6/2
KHACHANOV	6/4 6/1 3/6 7/6
SONEGO	5/7 0/6 6/3 7/6 6/3
RUNE	6/4 6/1 6/3
CERUNDOLO	3/6 6/3 6/4 7/5
JARRY	6/2 6/3 6/7 6/3
RUDD	4/6 6/4 6/1 6/4
DIMITROV	6/4 6/3 6/1
ZVEREV	3/6 7/6 6/1 7/6
ETCHEVERRY	6/3 7/6 6/2
NISHIOKA	3/6 7/6 2/6 6/4 6/0

ALCARAZ	6/3 6/2 6/2
TSITSIPAS	7/5 6/3 6/0
DJOKOVIC	6/3 6/2 6/2
KHACHANOV	1/6 6/1 7/6 6/1
RUNE	7/6 3/6 6/4 1/6 7/6
RUDD	7/6 7/5 7/5
ZVEREV	6/1 6/4 6/3
ETCHEVERRY	7/6 6/0 6/1

ALCARAZ	6/2 6/1 7/6
DJOKOVIC	4/6 7/6 6/2 6/4
RUUD	6/1 6 /2 3/6 6/3
ZVEREV	6/4 3/6 6/3 6/4

DJOKOVIC	6/3 5/7 6/1 6/1
RUUD	6/3 6/4 6/0

DJOKOVIC	7/6 6/3 7/5

TÊTES DE SÉRIE

1. ALCARAZ
2. MEDVEDEV
3. DJOKOVIC
4. RUUD
5. TSITSIPAS
6. RUNE
7. RUBLEV
8. SINNER
9. FRITZ
10. AUGER-ALIASSIME

ROLAND-GARROS
SIMPLE DAMES

Premier tour

Joueuses	Vainqueur	Score
1. Swiatek – 2. Bucsa	IGA SWIATEK	6/4 6/0
3. In-Albon – 4. Liu	LIU	6/1 6/4
5. Peterson – 6. Ferro	PETERSON	6/2 6/0
7. Wang – 8. Bouzkova	WANG	6/4 7/6
9. Azarenka – 10. Andreescu	ANDREESCU	2/6 6/3 6/4
11. Andreeva – 12. Navarro	NAVARRO	6/2 3/6 6/4
13. Zhu – 14. Davis	DAVIS	6/3 6/3
15. Tsurenko – 16. Krejcikova	TSURENKO	6/2 6/4
17. Kudermetova – 18. Schmiedlova	SCHMIEDLOVA	6/3 6/1
19. Bolsova – 20. Kucova	BOLSOVA	6/2 6/1
21. Day – 22. Mladenovic	DAY	7/5 6/1
23. Kanepi – 24. Keys	KEYS	6/1 3/6 6/1
25. Kalinina – 26. Parry	PARRY	6/2 6/3
27. Andreeva – 28. Riske	ANDREEVA	6/2 6/1
29. Rus – 30. Grabher	GRABHER	6/2 6/3
31. Masarova – 32. Gauff	GAUFF	3/6 6/1 6/2
33. Rybakina – 34. Fruhvirtova	RYBAKINA	6/4 6/2
35. Noskova – 36. Kovinic	NOSKOVA	6/3 2/1 AB.
37. Burel – 38. Sorribes Tormo	SORRIBES TORMO	7/6 6/2
39. Martic – 40. Rogers	MARTIC	3/6 6/3 6/2
41. Alexandrova – 42. Tomova	ALEXANDROVA	6/1 2/6 6/1
43. Hibino – 44. Friedsam	FRIEDSAM	6/3 3/6 6/4
45. Marino – 46. Shnaider	SHNAIDER	6/3 7/5
47. Maria – 48. Haddad Maia	HADDAD MAIA	6/0 6/1
49. Kvitova – 50. Cocciaretto	COCCIARETTO	6/3 6/4
51. Waltert – 52. Madlik	WALTERT	6/1 4/6 6/2
53. Kontaveit – 54. Pera	PERA	7/6 6/2
55. Yastremska – 56. Vekic	VEKIC	6/2 7/5
57. Cirstea – 58. Paolini	PAOLINI	7/5 2/6 6/2
59. Danilovic – 60. Baindl	DANILOVIC	6/3 6/2
61. Janicijevic – 62. Dodin	DODIN	0/6 6/2 6/1
63. Bronzetti – 64. Jabeur	JABEUR	6/4 6/1
65. Sakkari – 66. Muchova	MUCHOVA	7/6 7/5
67. Podoroska – 68. Ponchet	PODOROSKA	6/0 6/2
69. Errani – 70. Teichmann	ERRANI	3/6 6/4 6/2
71. Bondar – 72. Begu	BEGU	6/4 6/2
73. Linette – 74. Fernandez	FERNANDEZ	6/3 1/6 6/3
75. Tauson – 76. Sasnovich	TAUSON	6/2 6/0
77. JeanJean – 78. Birrell	JEANJEAN	6/4 6/7 6/3
79. Avanesyan – 80. Bencic	AVANESYAN	6/3 2/6 6/4
81. Samsonova – 82. Volynets	SAMSONOVA	6/0 6/1
83. Pavlyuchenkova – 84. Fruhvirtova	PAVLYUCHENKOVA	6/2 6/2
85. Sherif – 86. Brengle	SHERIF	6/3 6/1
87. Townsend – 88. Potapova	POTAPOVA	6/1 6/2
89. Mertens – 90. Hruncakova-Kuzmova	MERTENS	6/1 6/4
91. Osoria – 92. Bogdan	OSORIO	3/6 6/3 7/5
93. Cornet – 94. Giorgi	GIORGI	6/3 6/4
95. Collins – 96. Pegula	PEGULA	6/4 6/2
97. Garcia – 98. Wang	GARCIA	7/6 4/6 6/4
99. Blinkova – 100. Bonaventure	BLINKOVA	6/2 6/0
101. Parrizas Diaz – 102. Hunter-Sanders	HUNTER-SANDERS	4/6 6/2 6/4
103. Svilolina – 104. Trevisan	SVILOLINA	6/2 6/2
105. Ostapenko – 106. Martincova	OSTAPENKO	6/3 7/5
107. Stearns – 108. Siniakova	STEARNS	7/6 6/2
109. Vondrousova – 110. Parks	VONDROUSOVA	6/4 6/0
111. Niemeier – 112. Kasatkina	KASATKINA	6/3 6/4
113. Pliskova – 114. Stephens	STEPHENS	6/0 6/4
115. Gracheva – 116. Galfi	GRACHEVA	6/4 2/6 6/1
117. Putintseva – 118. Zanevska	PUTINTSEVA	7/5 7/6
119. Zidansek – 120. Zheng	ZHENG	6/3 6/1
121. Zhang – 122. Frech	FRECH	6/1 6/1
123. Bejlek – 124. Rakhimova	RAKHIMOVA	6/0 6/3
125. Udvardy – 126. Shyamanovich	SHYAMANOVICH	6/7 6/3 6/1
127. Kostyuk – 128. Sabalenka	SABALENKA	6/3 6/2

Deuxième tour

Vainqueur	Score
I. SWIATEK	6/4 6/0
WANG	7/6 6/2
ANDREESCU	6/1 6/4
TSURENKO	6/3 1/0 AB
SCHMIEDLOVA	6/3 6/4
DAY	6/2 4/6 6/4
ANDREEVA	6/1 6/2
GAUFF	6/2 6/3
RYBAKINA	6/3 6/3
SORRIBES TORMO	6/4 6/1
ALEXANDROVA	6/2 6/0
HADDAD MAIA	6/2 7/5 6/4
COCCIARETTO	6/2 6/3
PERA	3/6 6/4 6/3
DANILOVIC	6/3 7/5
JABEUR	6/2 7/5
MUCHOVA	6/3 0/6 6/3
BEGU	6/3 6/0
TAUSON	6/3 5/7 6/4
AVANESYAN	6/0 7/5
PAVLYUCHENKOVA	6/2 6/4
POTAPOVA	3/6 6/4 6/1
MERTENS	6/3 7/6
PEGULA	2/6 AB
BLINKOVA	4/6 6/3 7/5
SVILOLINA	2/6 6/3 6/1
STEARNS	6/3 1/6 6/2
KASATKINA	6/3 6/4
STEPHENS	6/2 6/1
PUTINTSEVA	6/3 4/6 6/2
RAKHIMOVA	6/3 6/4
SABALENKA	7/5 6/2

Troisième tour

Vainqueur	Score
I. SWIATEK	6/0 6/0
TSURENKO	6/1 6/1
SCHMIEDLOVA	6/1 6/3
GAUFF	6/7 6/1 6/1
SORRIBES TORMO	ab.
HADDAD MAIA	5/7 6/4 7/5
PERA	6/4 6/7
JABEUR	4/6 6/4 6/2
MUCHOVA	6/3 6/2
AVANESYAN	3/6 6/1 7/5
PAVLYUCHENKOVA	4/6 6/3 6/0
MERTENS	6/1 6/3
SVILOLINA	2/6 6/2 7/5
KASATKINA	6/0 6/1
STEPHENS	6/3 3/6 6/2
SABALENKA	6/2 6/2

Huitièmes de finale

Vainqueur	Score
I. SWIATEK	5/1 AB
GAUFF	7/5 6/2
HADDAD MAIA	6/7 6/3 7/5
JABEUR	6/3 6/1
MUCHOVA	6/4 6/3
PAVLYUCHENKOVA	3/6 7/6 6/3
SVILOLINA	6/4 7/6
SABALENKA	7/6 6/4

Quarts de finale

Vainqueur	Score
I. SWIATEK	6/4 6/2
HADDAD MAIA	3/6 7/6 6/1
MUCHOVA	7/5 6/2
SABALENKA	6/4 6/4

Demi-finales

Vainqueur	Score
I. SWIATEK	6/2 7/6
MUCHOVA	7/6 6/7 7/5

Finale

Vainqueur	Score
I. SWIATEK	6/2 5/7 6/4

TÊTES DE SÉRIE

1. SWIATEK
2. SABALENKA
3. PEGULA
4. RYBAKINA
5. GARCIA
6. GAUFF
7. JABEUR
8. SAKKARI
9. KASATKINA
10. KVITOVA

WIMBLEDON

SIMPLE MESSIEURS

1. Carlos Alcaraz
2. Jérémy Chardy
3. Alexandre Muller
4. Arthur Rinderknech
5. Jason Kubler
6. Ugo Humbert
7. Marco Cecchinato
8. Nicolás Jarry
9. Alexander Zverev
10. Gijs Brouwer
11. Marc-Andrea Hüsler
12. Yosuke Watanuki
13. Matteo Berrettini
14. Lorenzo Sonego
15. Kimmer Coppejans
16. Alex De Minaur
17. Frances Tiafoe
18. Yibing Wu
19. Dominic Stricker
20. Alexei Popyrin
21. Ilya Ivashka
22. Federico Coria
23. Sho Shimabukuro
24. Grigor Dimitrov
25. Alejandro Davidovich
26. Arthur Fils
27. Zhizhen Zhang
28. Botic van de Zandschulp
29. Matteo Arnaldi
30. Roberto Carballés
31. George Loffhagen
32. Holger Rune
33. Daniil Medvedev
34. Arthur Fery
35. Adrian Mannarino
36. Alexander Shevchenko
37. Marcos Giron
38. Hugo Dellien
39. Màrton Fucsovics
40. Tallon Griekspoor
41. Francisco Cerúndolo
42. Nuno Borges
43. Jirí Lehecka
44. Sebastian Ofner
45. Milos Raonic
46. Dennis Novak
47. Shintaro Mochizuki
48. Tommy Paul
49. Cameron Norrie
50. Tomáš Machác
51. Christopher Eubanks
52. Thiago Monteiro
53. Christopher O'Connell
54. Hamad Medkedovic
55. Jirí Veselý
56. Sebastian Korda
57. Ben Shelton
58. Taro Daniel
59. Maxime Cressy
60. Laslo Djere
61. Ryan Peniston
62. Andy Murray
63. Dominic Thiem
64. Stefanos Tsitsipas
65. Jannik Sinner
66. Juan Manuel Cerúndolo
67. Miomir Kecmanovic
68. Diego Schwartzman
69. Aleksandar Vukic
70. Daniel Altmaier
71. Quentin Halys
72. Daniel Evans
73. Yoshihito Nishioka
74. Daniel Galán
75. Dominik Koepfer
76. Oscar Otte
77. Mikael Ymer
78. Alex Molcan
79. Yannick Hanfmann
80. Taylor Fritz
81. Borna Coric
82. Guido Pella
83. Benjamin Bonzi
84. Harold Mayot
85. Corentin Moutet
86. Richard Gasquet
87. Roman Safiullin
88. Roberto Bautista
89. Denis Shapovalov
90. Radu Albot
91. Lloyd Harris
92. Grégoire Barrère
93. Liam Broady
94. Constant Lestienne
95. Laurent Lokoli
96. Casper Ruud
97. Andrey Rublev
98. Max Purcell
99. Luca Van Assche
100. Aslan Karatsev
101. Sebastián Báez
102. Tomás Barrios
103. David Goffin
104. Fábián Marozsán
105. Alexander Bublik
106. Mackenzie McDonald
107. J.J. Wolf
108. Enzo Couacaud
109. Maximilian Marterer
110. Borna Gojo
111. Michael Mmoh
112. Félix Auger-Aliassime
113. Lorenzo Musetti
114. Juan Pablo Varillas
115. John Isner
116. Jaume Munar
117. Jan Choinski
118. Dušan Lajovic
119. Albert Ramos
120. Hubert Hurkacz
121. Tomás Etcheverry
122. Bernabé Zapata
123. Emil Ruusuvuori
124. Stan Wawrinka
125. Jordan Thompson
126. Brandon Nakashima
127. Pedro Cachin
128. Novak Djokovic

Premier tour	Score
CARLOS ALCARAZ	6/0 6/2 7/5
ALEXANDRE MULLER	7/6 1/6 6/3 6/4
JASON KUBLER	6/4 4/6 6/2 3/6 6/3
NICOLÁS JARRY	4/6 6/4 2/6 6/3 3/6
ALEXANDER ZVEREV	6/4 7/6 7/6
YOSUKE WATANUKI	6/7 5/7 7/6 7/6 6/3
MATTEO BERRETTINI	6/7 6/3 7/6 6/3
ALEX DE MINAUR	6/7 6/3 6/3 7/6
FRANCES TIAFOE	7/6 6/3 6/4
DOMINIC STRICKER	3/6 6/3 6/2 4/6 7/5
ILYA IVASHKA	4/6 6/4 6/3 6/0
GRIGOR DIMITROV	6/1 6/2 6/1
ALEJANDRO DAVIDOVICH	7/6 6/1 6/2
BOTIC VAN DE ZANDSCHULP	2/6 7/6 7/6 3/6 6/2
ROBERTO CARBALLÉS	6/7 6/3 6/4 6/4
HOLGER RUNE	7/6 6/3 6/2
DANIIL MEDVEDEV	7/5 6/4 6/3
ADRIAN MANNARINO	6/3 6/3 6/2
MARCOS GIRON	7/6 6/4 6/4
MÁRTON FUCSOVICS	6/4 6/2 6/4
FRANCISCO CERÚNDOLO	5/7 6/3 6/3 6/4
JIRÍ LEHECKA	6/4 6/4 6/4
MILOS RAONIC	6/7 6/4 7/6 6/1
TOMMY PAUL	7/5 6/3 6/1
CAMERON NORRIE	6/3 4/6 6/1 6/4
CHRISTOPHER EUBANKS	4/6 7/5 7/5 6/3
CHRISTOPHER O'CONNELL	7/5 6/4 4/6 6/4
JIRÍ VESELÝ	7/6 4/6 6/2 6/3
BEN SHELTON	6/4 6/3 3/6 4/6 6/3
LASLO DJERE	6/7 7/6 7/6 7/6
ANDY MURRAY	6/3 6/0 6/1
STEFANOS TSITSIPAS	3/6 7/6 6/2 6/7 7/6
JANNIK SINNER	6/2 6/2 6/2
DIEGO SCHWARTZMAN	6/0 6/3 6/4
ALEKSANDAR VUKIC	6/3 7/6 3/6 7/5
QUENTIN HALYS	6/2 6/3 6/7 6/4
DANIEL GALÁN	6/4 6/3 6/3
OSCAR OTTE	7/5 6/3 7/6
MIKAEL YMER	6/3 6/3 6/4
TAYLOR FRITZ	6/4 2/6 4/6 7/5 6/3
GUIDO PELLA	6/3 7/5 4/6 3/6 6/1
HAROLD MAYOT	6/3 6/4 7/5
CORENTIN MOUTET	6/3 7/5 7/5
ROMAN SAFIULLIN	2/6 7/6 6/7 6/4 7/5
DENIS SHAPOVALOV	5/7 6/4 6/2 6/2
GRÉGOIRE BARRÈRE	7/5 6/7 7/5 6/3
LIAM BROADY	6/1 6/3 7/5
CASPER RUUD	6/1 5/7 6/4 6/3
ANDREY RUBLEV	6/3 7/5 6/4
ASLAN KARATSEV	6/7 6/4 6/2 6/4
TOMÁS BARRIOS	7/6 3/6 6/3 7/6
DAVID GOFFIN	6/2 5/7 6/2 6/0
ALEXANDER BUBLIK	6/7 6/4 6/4 6/4
J.J. WOLF	7/5 6/3 7/6
MAXIMILIAN MARTERER	7/6 6/7 7/6 6/4
MICHAEL MMOH	7/6 6/7 7/6 6/4
LORENZO MUSETTI	6/3 6/1 7/5
JAUME MUNAR	4/6 6/3 6/4 6/4
JAN CHOINSKI	5/7 7/6 6/2 6/2
HUBERT HURKACZ	6/1 6/4 6/4
TOMÁS ETCHEVERRY	6/7 5/7 6/3 6/4 7/5
STAN WAWRINKA	7/5 7/5 6/4
JORDAN THOMPSON	2/6 2/6 6/4 7/6 6/3
NOVAK DJOKOVIC	6/3 6/3 6/7

Deuxième tour	Score
C. ALCARAZ	6/4 7/6 6/3
N. JARRY	7/5 5/7 6/3 6/4
A. ZVEREV	6/4 5/7 6/2 6/2
M. BERRETTINI	6/3 6/4 6/4
F. TIAFOE	7/6 6/4 6/2
G. DIMITROV	6/3 6/4 6/4
A. DAVIDOVICH	6/1 2/6 6/4 6/3
H. RUNE	6/3 7/6 6/4
D. MEDVEDEV	6/3 6/3 7/6
M. FUCSOVICS	7/6 6/3 4/6 6/4
J. LEHECKA	6/2 6/2 6/2
T. PAUL	6/4 7/6 6/7 6/4
C. EUBANKS	6/3 3/6 6/2 7/6
C. O'CONNELL	6/3 7/5 6/4
L. DJERE	3/6 6/3 7/6 6/3
S. TSITSIPAS	7/6 6/7 4/6 7/6 6/4
J. SINNER	7/5 6/1 6/2
Q. HALYS	6/3 6/1 6/4
D. GALÁN	6/3 3/6 6/3 7/6
M. YMER	3/6 2/6 6/3 6/4 6/2
G. PELLA	2/6 6/3 7/6 7/5
R. SAFIULLIN	7/5 6/3 7/6
D. SHAPOVALOV	6/3 6/4 7/6
L. BROADY	6/4 3/6 4/6 6/3 6/0
A. RUBLEV	6/7 6/3 6/4 7/5
D. GOFFIN	7/6 5/7 6/2 6/0
A. BUBLIK	6/3 7/6 6/0
M. MARTERER	7/5 7/6 6/4
L. MUSETTI	6/4 6/3 6/1
H. HURKACZ	6/4 6/4 7/6
S. WAWRINKA	6/3 4/6 6/4 6/2
N. DJOKOVIC	6/3 7/6 7/5

Troisième tour	Score
C. ALCARAZ	6/3 6/7 6/3 7/5
M. BERRETTINI	6/3 7/6 7/6
G. DIMITROV	6/2 6/3 6/2
H. RUNE	6/3 4/6 3/6 6/4 7/6
D. MEDVEDEV	4/6 6/3 6/4 6/4
J. LEHECKA	6/2 7/6 6/7 6/7 6/2
C. EUBANKS	7/6 7/6 7/6
S. TSITSIPAS	6/4 7/6 6/4
J. SINNER	3/6 6/2 6/3 6/4
D. GALÁN	6/2 6/7 7/6 3/6 6/1
R. SAFIULLIN	7/6 6/4 6/0
D. SHAPOVALOV	4/6 6/2 7/5 7/5
A. RUBLEV	6/3 6/7 7/6 6/2
A. BUBLIK	6/4 6/1 7/6
H. HURKACZ	7/6 6/4 6/4
N. DJOKOVIC	6/3 6/1 7/6

Huitièmes de finale	Score
C. ALCARAZ	3/6 6/3 6/3 6/3
H. RUNE	3/6 7/6 7/6 6/3
D. MEDVEDEV	6/4 6/2 0/0 AB.
C. EUBANKS	3/6 7/6 3/6 6/4 6/4
J. SINNER	7/6 6/4 6/3
R. SAFIULLIN	3/6 6/3 6/1 6/3
A. RUBLEV	7/5 6/3 6/7 6/7 6/4
N. DJOKOVIC	7/6 7/6 5/7 6/4

Quarts de finale	Score
C. ALCARAZ	7/6 6/4 6/4
D. MEDVEDEV	6/4 1/6 4/6 7/6 6/1
J. SINNER	6/4 3/6 6/2 6/2
N. DJOKOVIC	4/6 6/1 6/4 6/3

Demi-finales	Score
C. ALCARAZ	6/3 6/3 6/3
N. DJOKOVIC	6/3 6/4 7/6

Finale	Score
C. ALCARAZ	1/6 7/6 6/1 3/6 6/4

TÊTES DE SÉRIE

1. ALCARAZ
2. DJOKOVIC
3. MEDVEDEV
4. RUUD
5. TSITSIPÁS
6. RUNE
7. RUBLEV
8. SINNER
9. FRITZ
10. TIAFOE

WIMBLEDON
SIMPLE DAMES

Tableau (1er tour)

1. Iga Swiatek
2. Lin Zhu
3. Martina Trevisan
4. Sara Sorribes
5. Diane Parry
6. Harriet Dart
7. Linda Fruhvirtová
8. Petra Martic
9. Magda Linette
10. Jil Teichmann
11. Barbora Strýcová
12. Maryna Zanevska
13. Danielle Collins
14. Julia Grabher
15. Katie Swan
16. Belinda Bencic
17. Daria Kasatkina
18. Caroline Dolehide
19. Jodie Burrage
20. Caty McNally
21. Nadia Podoroska
22. Tereza Martincová
23. Yue Yuan
24. Victoria Azarenka
25. Elise Mertens
26. Viktória Hruncáková
27. Venus Williams
28. Elina Svitolina
29. Storm Hunter
30. Xinyu Wang
31. Sofia Kenin
32. Coco Gauff
33. Jessica Pegula
34. Lauren Davis
35. Cristina Bucsa
36. Kamilla Rakhimova
37. Camila Osorio
38. Elisabetta Cocciaretto
39. Rebeka Masarova
40. Mayar Sherif
41. Qinwen Zheng
42. Katerina Siniaková
43. Lesia Tsurenko
44. Claire Liu
45. Alycia Parks
46. Anna-Lena Friedsam
47. Ana Bogdan
48. Liudmila Samsonova
49. Veronika Kudermetova
50. Kaia Kanepi
51. Markéta Vondroušová
52. Peyton Stearns
53. Sloane Stephens
54. Rebecca Peterson
55. Shuai Zhang
56. Donna Vekic
57. Marie Bouzková
58. Simona Waltert
59. Anett Kontaveit
60. Lucrezia Stefanini
61. Kateryna Baindl
62. Leylah Fernandez
63. Katie Volynets
64. Caroline Garcia
65. Ons Jabeur
66. Magdalena Frech
67. Ysaline Bonaventure
68. Zhuoxuan Bai
69. Anna Bondár
70. Bianca Andreescu
71. Jessica Bouzas
72. Anhelina Kalinina
73. Karolína Plíšková
74. Natalija Stevanovic
75. Carol Zhao
76. Tamara Korpatsch
77. Aliaksandra Sasnovich
78. Nuria Párrizas
79. Jasmine Paolini
80. Petra Kvitová
81. Beatriz Haddad Maia
82. Yulia Putintseva
83. Jaqueline Cristian
84. Lucia Bronzetti
85. Sorana Cirstea
86. Tatjana Maria
87. Greet Minnen
88. Jelena Ostapenko
89. Bernarda Pera
90. Viktoriya Tomova
91. Katie Boulter
92. Daria Saville
93. Nao Hibino
94. Alizé Cornet
95. Shelby Rogers
96. Elena Rybakina
97. Maria Sakkari
98. Marta Kostyuk
99. Alison Riske-Amritraj
100. Paula Badosa
101. Viktorija Golubic
102. Anna Karolína Schmiedlová
103. Sonay Kartal
104. Madison Keys
105. Anastasia Potapova
106. Céline Naef
107. Kaja Juvan
108. Margarita Betova
109. Mirra Andreeva
110. Xiyu Wang
111. Heather Watson
112. Barbora Krejčíková
113. Karolína Muchová
114. Jule Niemeier
115. Linda Nosková
116. Dalma Gálfi
117. Maddison Inglis
118. Sara Errani
119. Emma Navarro
120. Ekaterina Alexandrova
121. Irina Begu
122. Rebecca Marino
123. Yanina Wickmayer
124. Anna Blinkova
125. Varvara Gracheva
126. Camila Giorgi
127. Panna Udvardy
128. Aryna Sabalenka

2e tour

IGA SWIATEK 6/1 6/3
SARA SORRIBES 6/3 6/1
DIANE PARRY 6/7 6/0 6/4
PETRA MARTIC 7/5 6/7 1/4 AB.
MAGDA LINETTE 6/3 6/2
BARBORA STRÝCOVÁ 6/1 7/5
DANIELLE COLLINS 6/4 6/4
BELINDA BENCIC 7/5 6/2
DARIA KASATKINA 6/1 6/4
JODIE BURRAGE 6/1 6/3
NADIA PODOROSKA 3/6 7/6 6/4
VICTORIA AZARENKA 6/4 5/7 6/4
ELISE MERTENS 7/6 6/2
ELINA SVITOLINA 6/4 6/3
XINYU WANG 6/3 6/1
SOFIA KENIN 6/4 4/6 6/2
JESSICA PEGULA 6/2 6/7 6/3
CRISTINA BUCSA 6/3 4/6 7/6
ELISABETTA COCCIARETTO 6/3 6/4
REBEKA MASAROVA 7/5 3/6 7/6
KATERINA SINIAKOVÁ 6/3 7/5
LESIA TSURENKO 6/3 3/6 6/4
ALYCIA PARKS 6/4 6/3
ANA BOGDAN 7/6 7/6
VERONIKA KUDERMETOVA 7/6 6/4
MARKÉTA VONDROUŠOVÁ 6/2 7/5
SLOANE STEPHENS 6/3 6/3
DONNA VEKIC 6/2 6/3
MARIE BOUZKOVÁ 6/1 6/4
ANETT KONTAVEIT 6/4 6/4
LEYLAH FERNANDEZ 6/4 4/6 6/4
CAROLINE GARCIA 6/4 6/3
ONS JABEUR 6/3 6/3
ZHUOXUAN BAI 7/6 6/1
BIANCA ANDREESCU 6/3 3/6 6/2
ANHELINA KALININA 6/4 6/3
NATALIJA STEVANOVIC 6/2 6/3
TAMARA KORPATSCH 1/6 6/4 6/2
ALIAKSANDRA SASNOVICH 6/2 6/1
PETRA KVITOVÁ 6/4 6/7 6/1
BEATRIZ HADDAD MAIA 3/6 6/0 6/4
JAQUELINE CRISTIAN 6/3 6/4
SORANA CIRSTEA 6/1 2/6 6/3
JELENA OSTAPENKO 6/1 6/2
VIKTORIYA TOMOVA 6/7 6/3 6/3
KATIE BOULTER 7/6 6/2
ALIZÉ CORNET 6/2 6/2
ELENA RYBAKINA 4/6 6/1 6/2
MARTA KOSTYUK 0/6 7/5 6/2
PAULA BADOSA 6/3 6/3
VIKTORIJA GOLUBIC 6/3 7/6
MADISON KEYS 6/0 6/3
ANASTASIA POTAPOVA 6/3 6/3
KAJA JUVAN 6/0 6/3
MIRRA ANDREEVA 6/4 3/6 7/5
BARBORA KREJČÍKOVÁ 6/2 7/5
JULE NIEMEIER 6/4 5/7 6/1
DALMA GÁLFI 6/7 6/2 6/2
MADDISON INGLIS 6/3 6/1
EKATERINA ALEXANDROVA 6/4 6/3
IRINA BEGU 6/2 3/6 6/2
ANNA BLINKOVA 6/2 4/6 6/3
VARVARA GRACHEVA 6/2 6/4
ARYNA SABALENKA 6/3 6/1

3e tour

I. SWIATEK 6/2 6/0
P. MARTIC 4/6 6/3 6/3
M. LINETTE 6/2 6/2
B. BENCIC 3/6 6/4 7/6
D. KASATKINA 6/0 6/2
V. AZARENKA 6/3 6/0
E. SVITOLINA 6/1 1/6 6/1
S. KENIN 6/4 6/3
J. PEGULA 6/1 6/4
E. COCCIARETTO 6/3 6/1
L. TSURENKO 6/4 6/1
A. BOGDAN 1/6 6/3 6/2
M. VONDROUŠOVÁ 6/3 6/3
D. VEKIC 4/6 7/5 6/4
M. BOUZKOVÁ 6/1 6/2
C. GARCIA 3/6 6/4 7/6
O. JABEUR 6/1 6/1
B. ANDREESCU 6/2 4/6 7/6
N. STEVANOVIC 7/5 7/5
P. KVITOVÁ 6/2 6/2
B. HADDAD MAIA 4/6 6/2 6/4
S. CIRSTEA 4/6 7/6 6/4
K. BOULTER 6/0 3/6 6/3
E. RYBAKINA 6/2 7/6
M. KOSTYUK 6/2 1/0 AB.
M. KEYS 7/5 6/3
A. POTAPOVA 6/3 7/5
M. ANDREEVA 6/3 4/0 AB.
D. GÁLFI 4/6 7/6 6/1
E. ALEXANDROVA 6/7 7/6 7/6
A. BLINKOVA 7/5 6/3
A. SABALENKA 2/6 7/5 6/2

Huitièmes de finale

I. SWIATEK 6/2 7/5
B. BENCIC 6/3 6/1
V. AZARENKA 6/2 6/4
E. SVITOLINA 7/6 6/2
J. PEGULA 6/4 6/0
L. TSURENKO 4/6 6/3 7/6
M. VONDROUŠOVÁ 6/1 7/5
M. BOUZKOVÁ 7/6 4/6 7/5
O. JABEUR 3/6 6/3 6/4
P. KVITOVÁ 6/3 7/5
B. HADDAD MAIA 6/2 6/2
E. RYBAKINA 6/1 6/1
M. KEYS 6/4 6/1
M. ANDREEVA 6/2 7/5
E. ALEXANDROVA 6/0 6/4
A. SABALENKA 6/2 6/3

Quarts de finale

I. SWIATEK 6/7 7/6 6/3
E. SVITOLINA 2/6 6/4 7/6
J. PEGULA 6/1 6/3
M. VONDROUŠOVÁ 2/6 6/4 6/3
O. JABEUR 6/0 6/3
E. RYBAKINA 4/1 AB.
M. KEYS 3/6 7/6 6/2
A. SABALENKA 6/4 6/0

Demi-finales

E. SVITOLINA 7/5 6/7 6/2
M. VONDROUŠOVÁ 6/4 2/6 6/4
O. JABEUR 7/6 4/6 6/1
A. SABALENKA 6/2 6/4

Finale

M. VONDROUŠOVÁ 6/3 6/3
O. JABEUR 6/7 6/4 6/3

Vainqueur

M. VONDROUŠOVÁ 6/4 6/4

TÊTES DE SÉRIE

1. SWIATEK
2. SABALENKA
3. RYBAKINA
4. PEGULA
5. GARCIA
6. JABEUR
7. GAUFF
8. SÁKKARI
9. KVITOVÁ
10. KREJCÍKOVÁ

US OPEN
SIMPLE MESSIEURS

1. Carlos Alcaraz
2. Dominik Koepfer
3. Lloyd Harris
4. Guido Pella
5. Botic van de Zandschulp
6. Jordan Thompson
7. Daniel Galán
8. Daniel Evans
9. Tallon Griekspoor
10. Arthur Fils
11. Jason Kubler
12. Matteo Arnaldi
13. Thanasi Kokkinakis
14. Yu Hsiou Hsu
15. Alexander Shevchenko
16. Cameron Norrie
17. Alexander Zverev
18. Aleksandar Vukic
19. Daniel Altmaier
20. Constant Lestienne
21. Andy Murray
22. Corentin Moutet
23. Alex Molcan
24. Grigor Dimitrov
25. Tomás Etcheverry
26. Otto Virtanen
27. Stan Wawrinka
28. Yoshihito Nishioka
29. Nicolas Moreno de Alboran
30. Lorenzo Sonego
31. Yannick Hanfmann
32. Jannik Sinner
33. Daniil Medvedev
34. Attila Balázs
35. Max Purcell
36. Christopher O'Connell
37. James Duckworth
38. Felipe Meligeni Alves
39. Sebastián Báez
40. Borna Coric
41. Nicolás Jarry
42. Luca Van Assche
43. Albert Ramos
44. Alex Michelsen
45. Yibing Wu
46. Dušan Lajovic
47. Timofey Skatov
48. Alex De Minaur
49. Karen Khachanov
50. Michael Mmoh
51. Facundo Díaz
52. John Isner
53. Radu Albot
54. Jack Draper
55. Marc-Andrea Hüsler
56. Hubert Hurkacz
57. Ugo Humbert
58. Matteo Berrettini
59. Diego Schwartzman
60. Arthur Rinderknech
61. Taro Daniel
62. Gaël Monfils
63. Arthur Cazaux
64. Andrey Rublev
65. Casper Ruud
66. Emilio Nava
67. J.J. Wolf
68. Zhizhen Zhang
69. Rinky Hijikata
70. Pavel Kotov
71. Márton Fucsovics
72. Sebastian Korda
73. Adrian Mannarino
74. Yosuke Watanuki
75. Richard Gasquet
76. Fábián Marozsán
77. Sebastian Ofner
78. Nuno Borges
79. Learner Tien
80. Frances Tiafoe
81. Tommy Paul
82. Stefano Travaglia
83. Roman Safiullin
84. Marco Cecchinato
85. Ilya Ivashka
86. Juan Manuel Cerúndolo
87. Marcos Giron
88. Alejandro Davidovich
89. Alexander Bublik
90. Dominic Thiem
91. Pedro Cachín
92. Ben Shelton
93. Aslan Karatsev
94. Jiri Lehecka
95. Roberto Carballés
96. Holger Rune
97. Stefanos Tsitsipas
98. Milos Raonic
99. Dominic Stricker
100. Alexei Popyrin
101. Quentin Halys
102. Benjamin Bonzi
103. Soonwoo Kwon
104. Christopher Eubanks
105. Lorenzo Musetti
106. Titouan Droguet
107. Jakub Menšík
108. Grégoire Barrère
109. Miomir Kecmanovic
110. Juan Pablo Varillas
111. Steve Johnson
112. Taylor Fritz
113. Félix Auger-Aliassime
114. Mackenzie McDonald
115. Hugo Dellien
116. Borna Gojo
117. Jirí Veselý
118. Enzo Couacaud
119. Zachary Svajda
120. Francisco Cerúndolo
121. Laslo Djere
122. Brandon Nakashima
123. Sho Shimabukuro
124. Hugo Gaston
125. Bernabé Zapata
126. Ethan Quinn
127. Alexandre Muller
128. Novak Djokovic

Vainqueur	Score
CARLOS ALCARAZ	6/2 3/2 AB.
LLOYD HARRIS	7/6 6/4 6/4
BOTIC VAN DE ZANDSCHULP	6/3 0/0 AB.
DANIEL EVANS	6/4 6/2 7/5
ARTHUR FILS	4/6 6/3 5/7 6/4 7/5
MATTEO ARNALDI	6/3 3/0 AB.
YU HSIOU HSU	6/3 6/4 3/6 6/3
CAMERON NORRIE	6/3 6/2 6/2
ALEXANDER ZVEREV	6/4 6/4 6/4
DANIEL ALTMAIER	6/7 6/3 6/1 6/2
ANDY MURRAY	6/2 7/5 6/3
GRIGOR DIMITROV	6/7 6/7 6/1 7/5 7/6
TOMÁS ETCHEVERRY	6/3 6/7 1/6 6/4 7/6
STAN WAWRINKA	7/6 6/2 6/4
LORENZO SONEGO	6/3 6/4 6/2
JANNIK SINNER	6/3 6/1 /1
DANIIL MEDVEDEV	6/1 6/1 6/0
CHRISTOPHER O'CONNELL	6/4 6/3 3/6 7/6
FELIPE MELIGENI ALVES	6/4 7/6 6/3
SEBASTIÁN BÁEZ	7/5 7/5 6/1
NICOLÁS JARRY	6/3 3/6 6/2 7/6
ALEX MICHELSEN	6/4 6/3 6/4
YIBING WU	3/6 6/4 2/6 6/4 6/2
ALEX DE MINAUR	6/2 3/6 6/1 7/5
MICHAEL MMOH	6/2 6/4 6/2
JOHN ISNER	6/4 6/3 7/6
JACK DRAPER	6/1 6/4 6/3
HUBERT HURKACZ	4/6 5/7 7/6 6/3 6/1
MATTEO BERRETTINI	6/4 6/2 6/2
ARTHUR RINDERKNECH	6/3 6/4 6/2
GAËL MONFILS	4/6 6/4 6/2 7/6
ANDREY RUBLEV	6/4 7/6 6/1
CASPER RUUD	7/6 3/6 6/4 7/6
ZHIZHEN ZHANG	7/5 7/5 6/7 4/6 6/3
RINKY HIJIKATA	7/5 5/7 6/3 7/5
MÁRTON FUCSOVICS	7/6 4/6 7/6 4/6 6/4
ADRIAN MANNARINO	7/5 6/7 6/3 7/5
FÁBIÁN MAROZSÁN	6/3 6/1 6/7 6/7 6/2
SEBASTIAN OFNER	7/6 3/6 7/6 6/4
FRANCES TIAFOE	6/2 7/5 6/1
TOMMY PAUL	6/2 6/3 4/6 6/1
ROMAN SAFIULLIN	6/4 6/2 6/0
JUAN MANUEL CERÚNDOLO	2/6 6/7 6/3 6/3 6/3
ALEJANDRO DAVIDOVICH	6/4 6/4 6/2
DOMINIC THIEM	6/3 6/2 6/4
BEN SHELTON	1/6 6/3 6/2 6/4
ASLAN KARATSEV	6/3 6/3 6/3
ROBERTO CARBALLÉS	6/3 4/6 6/3 6/2
STEFANOS TSITSIPAS	6/2 6/3 6/4
DOMINIC STRICKER	6/3 6/4 3/6 6/3
BENJAMIN BONZI	5/7 6/4 6/4 6/4
CHRISTOPHER EUBANKS	6/3 6/4 0/6 6/4
TITOUAN DROGUET	6/3 0/6 6/7 6/3 6/2
JAKUB MENŠÍK	6/4 4/6 7/6 6/2
JUAN PABLO VARILLAS	1/6 7/5 7/5 6/4
TAYLOR FRITZ	6/2 6/1 6/2
MACKENZIE MCDONALD	7/6 4/6 6/1 6/4
BORNA GOJO	6/3 6/3 6/1
JIRÍ VESELÝ	5/7 6/3 6/2 3/6 6/4
FRANCISCO CERÚNDOLO	5/7 6/4 6/4 6/3
LASLO DJERE	7/4 6/4 6/4
HUGO GASTON	6/2 6/1 7/6
BERNABÉ ZAPATA	6/4 6/4 6/3
NOVAK DJOKOVIC	6/0 6/2 6/3

Vainqueur	Score
C. ALCARAZ	6/3 6/1 7/6
D. EVANS	1/6 6/1 6/3 6/3 6/3
M. ARNALDI	3/7 7/5 7/6 5/7 6/4
C. NORRIE	4/5 6/4 6/4
A. ZVEREV	7/6 3/6 6/4 6/3
G. DIMITROV	6/3 6/4 6/1
S. WAWRINKA	7/6 6/7 6/3 6/2
J. SINNER	6/4 6/2 6/4
D. MEDVEDEV	6/2 6/2 6/7 6/2
S. BÁEZ	6/7 6/4 6/4 0/0 AB.
N. JARRY	4/6 6/3 6/3 6/3
A. DE MINAUR	6/1 6/2 6/1
M. MMOH	3/6 4/6 7/6 6/4 7/6
J. DRAPER	6/2 6/4 7/5
A. RINDERKNECH	6/4 5/3 AB.
A. RUBLEV	6/4 6/3 3/6 6/1
Z. ZHANG	6/4 5/7 6/2 0/6 2/6
R. HIJIKATA	6/1 6/2 6/1
A. MANNARINO	3/6 6/3 6/4 6/1
F. TIAFOE	6/3 6/1 6/4
T. PAUL	3/6 2/6 6/2 6/4 6/3
A. DAVIDOVICH	6/1 6/4 6/3
B. SHELTON	7/6 1/0 AB.
A. KARATSEV	6/2 4/6 6/3 7/6
D. STRICKER	7/5 6/7 6/7 7/6 6/3
B. BONZI	7/6 2/6 6/2 7/6
J. MENŠÍK	3/6 6/2 7/6 6/3
T. FRITZ	6/1 6/2 6/2
B. GOJO	6/3 6/4 6/4
J. VESELÝ	7/6 6/2 3/6 2/6 7/6
L. DJERE	6/1 6/2 6/3
N. DJOKOVIC	6/4 6/1 6/1

Vainqueur	Score
C. ALCARAZ	6/2 6/3 4/6 6/3
M. ARNALDI	6/3 6/4 6/3
A. ZVEREV	6/7 7/6 6/1 6/1
J. SINNER	6/3 2/6 6/4 6/2
D. MEDVEDEV	6/2 6/2 7/6
A. DE MINAUR	6/1 6/3 6/2
J. DRAPER	6/4 6/2 3/6 6/3
A. RUBLEV	3/6 6/3 6/1 7/5
R. HIJIKATA	6/3 6/3 4/6 6/3
F. TIAFOE	4/6 6/2 6/3 7/6
T. PAUL	6/1 6/0 3/6 6/3
B. SHELTON	6/4 3/6 6/2 6/0
D. STRICKER	2/6 7/5 7/6 3/6 6/2
T. FRITZ	6/1 6/2 6/0
B. GOJO	6/4 6/3 6/2
N. DJOKOVIC	4/6 4/6 6/1 6/1 6/3

Vainqueur	Score
C. ALCARAZ	6/3 6/3 6/4
A. ZVEREV	6/4 3/6 6/2 4/6 6/3
D. MEDVEDEV	2/6 6/4 6/1 6/2
A. RUBLEV	6/3 3/6 6/3 6/4
F. TIAFOE	6/4 6/1 6/4
B. SHELTON	6/4 6/3 4/6 6/4
T. FRITZ	7/6 6/4 6/4
N. DJOKOVIC	6/2 7/5 6/4

Vainqueur	Score
C. ALCARAZ	6/3 6/2 6/4
D. MEDVEDEV	6/4 6/3 6/4
B. SHELTON	6/2 3/6 7/6 6/2
N. DJOKOVIC	6/1 6/4 6/4

Vainqueur	Score
D. MEDVEDEV	7/6 6/1 3/6 6/3
N. DJOKOVIC	6/3 6/2 7/6

N. DJOKOVIC
6/3 7/6 6/3

TÊTES DE SÉRIE

1. ALCARAZ
2. DJOKOVIC
3. MEDVEDEV
4. RUNE
5. RUUD
6. SINNER
7. TSITSIPÁS
8. RUBLEV
9. FRITZ
10. TIAFOE

US OPEN
SIMPLE DAMES

1. Iga Swiatek
2. Rebecca Peterson
3. Clervie Ngounoue
4. Daria Saville
5. Lauren Davis
6. Danka Kovinic
7. Kaja Juvan
8. Elisabetta Cocciaretto
9. Jelena Ostapenko
10. Jasmine Paolini
11. Alizé Cornet
12. Elina Avanesyan
13. Viktória Hruncáková
14. Xiyu Wang
15. Bernarda Pera
16. Veronika Kudermetova
17. Petra Kvitová
18. Cristina Bucsa
19. Tatiana Prozorova
20. Caroline Wozniacki
21. Kimberly Birrell
22. Jennifer Brady
23. Aliaksandra Sasnovich
24. Magda Linette
25. Elise Mertens
26. Mirjam Björklund
27. Danielle Collins
28. Linda Fruhvirtová
29. Olivia Gadecki
30. Mirra Andreeva
31. Laura Siegemund
32. Coco Gauff
33. Elena Rybakina
34. Marta Kostyuk
35. Panna Udvardy
36. Ajla Tomljanovic
37. Anna Kalinskaya
38. Katerina Siniaková
39. Kayla Day
40. Sorana Cirstea
41. Victoria Azarenka
42. Fiona Ferro
43. Lin Zhu
44. Mayar Sherif
45. Yuriko Miyazaki
46. Margarita Betova
47. Kamilla Rakhimova
48. Belinda Bencic
49. Karolína Muchová
50. Storm Hunter
51. Magdalena Frech
52. Emma Navarro
53. Varvara Grachova
54. Taylor Townsend
55. Sloane Stephens
56. Beatriz Haddad Maia
57. Anhelina Kalinina
58. Sara Sorribes
59. Katie Volynets
60. Xinyu Wang
61. Anna Karolína Schmiedlová
62. Kateryna Baindl
63. Rebeka Masarova
64. Maria Sakkari
65. Caroline Garcia
66. Yafan Wang
67. Katie Boulter
68. Diane Parry
69. Peyton Stearns
70. Viktoriya Tomova
71. Clara Tauson
72. Anastasia Potapova
73. Ekaterina Alexandrova
74. Leylah Fernandez
75. Elsa Jacquemot
76. Lesia Tsurenko
77. Martina Trevisan
78. Yulia Putintseva
79. Na Lae Han
80. Markéta Vondroušová
81. Liudmila Samsonova
82. Claire Liu
83. Irina Begu
84. Tamara Korpatsch
85. Yanina Wickmayer
86. Vera Zvonareva
87. Arantxa Rus
88. Madison Keys
89. Elina Svitolina
90. Anna-Lena Friedsam
91. Anastasia Pavlyuchenkova
92. Fiona Crawley
93. Patricia Tig
94. Rebecca Marino
95. Camila Giorgi
96. Jessica Pegula
97. Ons Jabeur
98. Camila Osorio
99. Linda Nosková
100. Madison Brengle
101. Tatjana Maria
102. Petra Martic
103. Ashlyn Krueger
104. Marie Bouzková
105. Qinwen Zheng
106. Nadia Podoroska
107. Barbora Strýcová
108. Kaia Kanepi
109. Robin Montgomery
110. Eva Lys
111. Lucia Bronzetti
112. Barbora Krejciková
113. Daria Kasatkina
114. Alycia Parks
115. Ana Bogdan
116. Sofia Kenin
117. Greet Minnen
118. Venus Williams
119. Sachia Vickery
120. Donna Vekic
121. Karolína Plíšková
122. Gabriela Ruse
123. Caroline Dolehide
124. Clara Burel
125. Anna Blinkova
126. Jodie Burrage
127. Maryna Zanevska
128. Aryna Sabalenka

IGA SWIATEK 6/0 6/1
DARIA SAVILLE 6/0 6/2
LAUREN DAVIS 6/2 6/2
KAJA JUVAN 6/2 7/5
JELENA OSTAPENKO 6/2 4/6 6/1
ELINA AVANESYAN 6/2 1/6 6/4
XIYU WANG 4/6 6/3 7/6
BERNARDA PERA 7/5 6/4
PETRA KVITOVÁ 6/1 7/6
CAROLINE WOZNIACKI 6/3 6/2
JENNIFER BRADY 6/3 7/6
MAGDA LINETTE 6/3 6/1
ELISE MERTENS 3/6 6/3 7/6
DANIELLE COLLINS 6/2 6/0
MIRRA ANDREEVA 1/6 6/3 6/4
COCO GAUFF 3/6 6/2 6/4
ELENA RYBAKINA 6/2 6/1
AJLA TOMLJANOVIC 3/6 6/2 6/4
ANNA KALINSKAYA 6/4 6/2
SORANA CIRSTEA 6/2 6/3
VICTORIA AZARENKA 6/1 6/2
LIN ZHU 6/3 7/5
YURIKO MIYAZAKI 6/3 6/3
BELINDA BENCIC 6/2 6/4
KAROLÍNA MUCHOVÁ 6/4 6/0
MAGDALENA FRECH 7/6 6/1 6/2
TAYLOR TOWNSEND 6/4 6/2
BEATRIZ HADDAD MAIA 6/2 5/7 6/4
SARA SORRIBES 6/4 7/5
XINYU WANG 6/3 6/4
ANNA KAROLÍNA SCHMIEDLOVÁ 6/4 3/6 6/3
REBEKA MASAROVA 6/4 6/4
YAFAN WANG 6/4 6/1
KATIE BOULTER 6/4 6/0
PEYTON STEARNS 6/3 6/4
CLARA TAUSON 7/6 3/6 6/3
EKATERINA ALEXANDROVA 7/6 5/7 6/4
LESIA TSURENKO 7/5 3/6 6/1
MARTINA TREVISAN 0/6 7/6 7/6
MARKÉTA VONDROUŠOVÁ 6/3 6/0
LIUDMILA SAMSONOVA 7/6 6/3
TAMARA KORPATSCH 6/3 6/2
YANINA WICKMAYER 6/4 6/4
MADISON KEYS 6/2 6/4
ELINA SVITOLINA 6/3 6/1
ANASTASIA PAVLYUCHENKOVA 6/2 6/4
PATRICIA TIG 7/6 7/6
JESSICA PEGULA 6/2 6/2
ONS JABEUR 7/5 7/6
LINDA NOSKOVÁ 6/2 6/1
PETRA MARTIC 6/2 6/1
MARIE BOUZKOVÁ 7/5 6/4
QINWEN ZHENG 6/1 6/0
KAIA KANEPI 6/4 6/4
EVA LYS 6/2 6/1
LUCIA BRONZETTI 6/4 7/6
DARIA KASATKINA 2/6 6/4 6/2
SOFIA KENIN 7/6 6/4
GREET MINNEN 6/1 6/1
SACHIA VICKERY 2/6 7/5 6/2
KAROLÍNA PLÍŠKOVÁ 6/1 6/4
CLARA BUREL 6/4 6/3
JODIE BURRAGE 6/3 6/4
ARYNA SABALENKA 6/3 6/2

I. SWIATEK 6/3 6/4
K. JUVAN 6/7 6/4 6/3
J. OSTAPENKO 6/3 5/7 7/5
B. PERA 3/6 7/6 6/2
C. WOZNIACKI 7/5 7/6
J. BRADY 6/1 2/6 6/2
E. MERTENS 3/6 7/6 6/1
COCO GAUFF 6/3 6/2
E. RYBAKINA FORFAIT
S. CIRSTEA 6/3 6/4
L. ZHU 6/3 6/3
B. BENCIC 6/3 6/3
K. MUCHOVÁ 6/3 6/3
T. TOWNSEND 7/6 7/5
X. WANG 5/7 6/3 6/4
A. KAROLÍNA SCHMIEDLOVÁ 7/6 6/2
K. BOULTER 5/7 6/1 6/4
P. STEARNS 6/3 6/0
E. ALEXANDROVA 6/1 6/3
M. VONDROUŠOVÁ 6/2 6/2
L. SAMSONOVA 6/3 6/3
M. KEYS 6/1 6/2
E. SVITOLINA 5/7 6/4 6/4
J. PEGULA 6/3 6/1
O. JABEUR 7/6 4/6 6/3
M. BOUZKOVÁ 6/1 6/2
Q. ZHENG 6/2 3/6 6/2
L. BRONZETTI 6/3 6/2
D. KASATKINA 2/6 6/4 6/4
G. MINNEN 6/3 4/6 6/4
C. BUREL 6/4 6/2
A. SABALENKA 6/3 6/2

I. SWIATEK 6/0 6/1
J. OSTAPENKO 4/6 6/3 6/3
C. WOZNIACKI 4/6 6/3 6/1
C. GAUFF 3/6 6/3 6/0
S. CIRSTEA 6/3 6/7 6/4
B. BENCIC 7/6 2/6 6/3
K. MUCHOVÁ 7/6 6/3
X. WANG 4/6 6/3 6/2
P. STEARNS 6/4 6/3
M. VONDROUŠOVÁ 6/2 6/1
M. KEYS 5/7 6/2 6/2
J. PEGULA 6/4 4/6 6/2
O. JABEUR 5/7 7/6 6/3
Q. ZHENG 6/3 4/6 6/4
D. KASATKINA 6/3 6/4
A. SABALENKA 6/1 6/1

J. OSTAPENKO 3/6 6/3 6/1
C. GAUFF 6/3 3/6 6/1
S. CIRSTEA 6/3 6/3
K. MUCHOVÁ 6/3 5/7 6/1
M. VONDROUŠOVÁ 6/7 6/3 6/2
M. KEYS 6/1 6/3
Q. ZHENG 6/2 6/4
A. SABALENKA 6/1 6/3

C. GAUFF 6/0 6/2
K. MUCHOVÁ 6/0 6/3
M. KEYS 6/1 6/4
A. SABALENKA 6/1 6/4

C. GAUFF 6/4 7/5
A. SABALENKA 0/6 7/6 7/6

C. GAUFF 2/6 6/3 6/2

TÊTES DE SÉRIE

1. SWIATEK
2. SABALENKA
3. PEGULA
4. RYBAKINA
5. JABEUR
6. GAUFF
7. GARCIA
8. SÁKKARI
9. VONDROUŠOVÁ
10. MUCHOVÁ

TOURNOIS DU GRAND CHELEM

INTERNATIONAUX D'AUSTRALIE

MELBOURNE PARK
16 - 29 JANVIER
76 500 000 DOLLARS AUSTRALIENS - DUR

SIMPLE MESSIEURS (voir tableau)

QUALIFICATIONS SIMPLE MESSIEURS

3e tour : Lokoli b. Ofner 6/3, 7/6(5) ; Purcell b. Arnaldi 6/4, 6/3 ; Holt b. Trungelliti 6/3, 6/0 ; Struff b. Schoolkate 6/1, 6/4 ; Watanuki b. Varillas 6/3, 6/4 ; Krutykh b. Kudla 3/6, 6/4, 6/4 ; Hsu b. Muller 7/6(4), 6/4 ; Svrcina b. Riedi 6/0, 6/4 ; Vukic b. Mmoh 6/4, 7/5 ; Jarry b. Nava 7/6(3), 6/3 ; Escobedo b. Kotov 6/3, 7/6(5) ; Couacaud b. Stricker 7/6(2), 7/6(7) ; Bellucci b. Darderi 6/4, 6/1 ; Hanfmann b. Gojowczyk 6/2, 6/2 ; Bergs b. Andreev 6/1, 6/2 ; Shang b. Piros 6/3, 6/4

DOUBLE MESSIEURS

1/8 de finale : Koolhof–Skupski b. Cacic–Qureshi 6/4, 6/2 ; Hijikata–Kubler b. Brkic–Escobar 1/6, 7/6(8), 6/4 ; Mies-Peers b. Bolt-Saville 6/0, 6/3 ; Granollers-Zeballos b. Harris-Klaasen 6/1, 7/6(4) ; Chardy-Martin b. Lehecka-Molcan 7/6(2), 6/3 ; Arevalo-Rojer b. Haase-Middelkoop 6/3, 7/6(6) ; Bonzi-Rinderknech b. Cabal-Farah 7/6(5), 6/7(6), 6/2 ; Nys-Zielinski b. Ram-Salisbury 6/7(4), 7/6(6), 6/2
1/4 de finale : Hijikata-Kubler b. Koolhof–Skupski 6/3, 6/1 ; Granollers-Zeballos b. Mies-Peers 6/4, 6/7(2), 6/2 ; Chardy-Martin b. Arevalo-Rojer 6/3, 2/6, 7/6 (4) ; Nys-Zielinski b. Bonzi-Rinderknech 6/1, 6/4
1/2 finales : Hijikata-Kubler b. Granollers-Zeballos 6/4, 6/2 ; Nys-Zielinski b. Chardy-Martin 6/3, 5/7, 6/2
Finale : Hijikata-Kubler b. Nys-Zielinski 6/4, 7/6(4)

SIMPLE DAMES (voir tableau)

QUALIFICATIONS SIMPLE DAMES :

3e tour : Bejlek b. Andreeva 6/2, 6/3 ; Sebov b. Waltert 6/3, 6/4 ; Schmiedlova b. Mandlik 6/4, 6/4 ; Bucsa b. Hibino 7/6(10), 6/2 ; Stefanini b. Vickery 6/0, 3-0 (ab) ; Selekhmeteva b. Chang 6/3, 6/3 ; Vandeweghe b. Miyazaki 6/3, 6/7(3), 7/6(1) ; Shnaider b. Tikhonova 6/2, 6/1 ; Tsurenko b. Jeanjean 6/4, 6/2 ; Burel b. Danilovic 3/6, 6/0, 6/2 ; Volynets b. Mladenovic 6/3, 4/6, 6/2 ; Fruhvirtova b. Bouzas Maneiro 3/6, 7/6(2), 6/4 ; Janicijevic b. Burrage 6/3, 1/6, 6/2 ; Hartono b. Pigossi 3/6, 6/2, 6/4 ; Lys b. Jimenez Kasintseva 6/3, 6/4 ; Kudermetova b. Muhammad 6/4, 6/2

DOUBLE DAMES

1/8 de finale : Krejcikova-Siniakova b. Kalashnikova-Parks 6/0, 6/3 ; Krawczyk-Schuurs b. Mihalikova-Sasnovich 6/3, 6/1 ; Hunter-Mertens b. Golubic-Niculescu 6/2, 6/2 ; Kostyuk-Ruse b. Kolodziejova-Vondrousova 6/3, 6/4 ; Aoyama-Shibahara b. Pavlyuchenkova-Rybakina 6/2, 7/6(7) ; Dolehide-Kalinskaya b. Dabrowski-Olmos 7/5, 6/2 ; Chan-Yang b. Kalinina-Van Uytvanck 6/3, 7/5 ; Gauff-Pegula b. Kato-Sutjiadi 6/4, 6/2
1/4 de finale : Krejcikova-Siniakova b. Krawczyk-Schuurs 6/2, 6/3 ; Kostyuk-Ruse b. Hunter-Mertens 7/6(6), 2/6, 6/4 ; Aoyama-Shibahara b. Dolehide-Kalinskaya 6/3, 6/3 ; Gauff-Pegula b. Chan-Yang 6/1, 6/1
1/2 finales : Krejcikova-Siniakova b. Kostyuk-Ruse 6/2, 6/2 ; Aoyama-Shibahara b. Gauff-Pegula 6/2, 7/6(7)
Finale : Krejcikova-Siniakova b. Aoyama-Shibahara 6/4, 6/3

DOUBLE MIXTE

1/2 finales : Mirza-Bopanna b. Krawczyk-Skupski 7/6(5), 6/7(5), [10/6] ; Stefani-Matos b. Gadecki-Polmans 4/6, 6/4, [11/9]
Finale : Stefani-Matos b. Mirza-Bopanna 7/6(2), 6/2

HANDISPORT

SIMPLE MESSIEURS

Finale : Hewett b. Oda 6/3, 6/1

SIMPLE DAMES

Finale : De Groot b. Kamiji 0/6, 6/2, 6/2

DOUBLE MESSIEURS

Finale : Hewett-Reid b. Scheffers-Spaargaren 6/1, 6/2

DOUBLE DAMES

Finale : De Groot-Van-Koot b. Kamiji-Zhu 6/3, 6/2

INTERNATIONAUX DE FRANCE

ROLAND-GARROS
22 MAI - 11 JUIN
49 600 000 EUROS - TB

SIMPLE MESSIEURS (voir tableau)

QUALIFICATIONS SIMPLE MESSIEURS

3e tour : Karatsev b. Moreno De Alboran 6/4, 6/3 ; Ymer b. Hanfmann 6/3, 6/4 ; Vavassori b. Tabilo 6/4, 6/4 ; Medjedovic b. De Jong 0/6, 6/2 6/2 ; Nava b. Blancaneaux 3/6, 6/4, 6/3 ; Olivieri b. Andreev 6/1, 5/7, 6/4 ; Cobolli b. Lokoli 7/5, 6/3 ; Albot b. Ugo Carabelli 6/7(2), 6/4, 6/1 ; Tirante b. Stricker 6/3, 1/6, 6/1 ; Shang b. Olivo 6/3, 2/6, 6/3 ; Skatov b. Meligeni Alves 2/6, 7/5, 6/3 ; Zeppieri b. Ferreira Silva 6/4, 6/1 ; Seyboth Wild b. Koepfer 6/1, 6/1 ; Ofner b. Diaz Acosta 7/5, 6/3 ; Martinez b. Bagnis 2/6, 7/5, 6/0 ; Pouille b. Rodionov 1/6, 7/5, 6/0

DOUBLE MESSIEURS

1/8 de finale : Koolhof-Skupski b. Nedovyesov-Reyes-Varela 7/5, 6/4 ; Granollers-Zeballos b. Melo-Peers 6/2, 6/3 ; Dodig-Krajicek b. Cabral-Matos 6/7(3), 6/4, 7/5 ; Krawietz-Puetz b. Doumbia-Reboul 6/4, 7/6(4) ; Middelkoop-Mies b. Glasspool-Heliovaara 6/4, 6/2 ; Arevalo-Rojer b. Murray-Venus 6/2, 6/2 ; Gille- Vliegen b. Gonzalez-Roger-Vasselin 7/5, 6/7(3), 7/6(5) ; Gonzalez-Molteni b. Ram-Salisbury 6/1, 4/6, 6/4
1/4 de finale : Granollers-Zeballos b. Koolhof-Skupski 6/3, 7/6(4) ; Dodig-Krajicek b. Krawietz-Puetz 7/6(6), 5/7, 6/4 ; Middelkoop-Mies b. Arevalo-Rojer 7/6(6), 6/1 ; Gille- Vliegen b. Gonzalez-Molteni 6/4, 7/6(4)
1/2 finales : Dodig-Krajicek b. Granollers-Zeballos 6/3, 7/6(3) ; Gille-Vliegen b. Middelkoop-Mies 6/4, 7/5
Finale : Dodig-Krajicek b. Gille- Vliegen 6/3, 6/1

SIMPLE DAMES (voir tableau)

QUALIFICATIONS SIMPLE DAMES :

3e tour : Andreeva b. Osorio 7/6(8), 6/4 ; Townsend b. Timofeeva 7/5, 6/2 ; Rus b. Uchijima 6/3, 7/6(4) ; Zidansek b. Bolsova 62, 7/6(4) ; Ferro b. Fourlis 6/3, 2/6, 6/4 ; Bejlek b. Hruncakova 6/4, 6/4 ; Fruhvirtova b. Robbe 6/3, 6/0 ; Hunter b. Krueger 7/6(3), 7/5 ; Tauson b. Bjorklund 7/5, 6/7(3), 6/2 ; Mandlik b. Pigossi 6/2, 2/6, 7/5 ; In-Albon b. Hibino 1/6, 6/2, 6/4 ; Shymanovich b. Hontama 6/2, 3/6, 7/6(4) ; Danilovic b. Andreeva 6/2, 6/4 ; Waltert b. Jacquemot 6/2, 4/6, 6/4 ; Day b. Avanesyan 5/7, 6/4, 7/6(7) ; Yastremska b. Minnen 6/3, 2/6, 6/4

DOUBLE DAMES

1/8 de finale : Bouzkova-Sorribes Tormo b. Kato- Sutjiadi 7/6(1), 1-3 disqualification ; Melichar-Martinez-Perez b. Xu-Yang 6/0, 6/3 ; Kudermetova-Samsonova b. Hunter-Mertens 6/3, 6/4 ; Hsieh-Wang b. Krawczyk-Schuurs 7/6(6), 6/4 ; Fernandez-Townsend b. Dabrowski-Stefani 6/4, 4/6, 6/2 ; Chan-Chan b. Cornet-Parry 7/5, 5/7, 6/1 ; Bondar-Minnen b. Muhammad-Olmos 6/3, 1/6, 6/2 ; Gauff-Pegula b. Kostyuk-Ruse 6/7(4), 6/4, 6/2
1/4 de finale : Melichar-Martinez-Perez b. Bouzkova-Sorribes Tormo 7/5, 6/3 ; Hsieh-Wang b. Kudermetova-Samsonova 6/3, 6/2 ; Fernandez-Townsend b. Chan-Chan 6/3, 6/3 ; Gauff-Pegula b. Bondar-Minnen 6/2, 7/6(2)
1/2 finales : Hsieh-Wang b. Melichar-Martinez-Perez 6/2, 3/6, 6/3 ; Fernandez-Townsend b. Gauff-Pegula 6/0, 6/4
Finale : Hsieh-Wang b. Fernandez-Townsend 1/6, 7/6(5), 6/1

DOUBLE MIXTE

1/2 finales : Kato-Puetz b. Sutjiadi-Middelkoop 7/5, 6/0 ; Andreescu-Venus b. Dabrowski-Lammons 7/6(5), 7/6(4)
Finale : Kato-Puetz b. Andreescu-Venus 4/6, 6/4, 10-6

HANDISPORT

SIMPLE MESSIEURS

Finale : Oda b. Hewett 6/1, 6/4

SIMPLE DAMES

Finale : De Groot b. Kamiji 6/2, 6/0

DOUBLE MESSIEURS

Finale : Hewett-Reid b. De La Puente-Fernandez 7/6(9), 7/5

DOUBLE DAMES

Finale : Kamiji b. Montjane b. De Groot-Moreno 6/2, 6/3

INTERNATIONAUX DE GRANDE-BRETAGNE

WIMBLEDON
3 - 16 JUILLET
44 700 000 LIVRES - GAZON

SIMPLE MESSIEURS (voir tableau)

QUALIFICATIONS SIMPLE MESSIEURS

3e tour : Arnaldi b. Ferreira Silva 7/5, 6/4, 6/4 ; Otte b. Polmans 6/3, 7/6(4), 4/6, 7/5 ; Marterer b. Marozsan 7/5, 6/4, 6/7(5), 5/7, 7/5 ; Coppejans b. Daniel 6/3, 4/6, 4/6, 6/4, 6/2 ; Albot b. Meligeni Alves 4/6, 6/3, 6/2, 7/6(6) ; Machac b. Pouille 3/6, 3-0 ab ; Mayot b. Gigante 6/4, 6/2, 6/2 ; Novak b. Watanuki 6/7(7), 6/3, 6/3, 6/4 ; Barrios Vera b. Seyboth Wild 6/4, 6/7(3), 2/6, 6/3, 6/2 ; Stricker b. Bellucci 6/3, 1/6, 6/3, 6/4 ; Brouwer b. Virtanen 6/4, 6/2, 6/4 ; Shimabukuro b. Kudla 6/4, 6/4, 6/4 ; Lokoli b. Mmoh 2/6, 7/6(2), 6/3, 2/6, 6/2 ; Couacaud b. Kovacevic 2/6, 6/4, 7/6(5), 7/6(5) ; Medjedovic b. Harris 6/4, 7/6(6), 6/4 ; Mochizuki b. Piros 6/3, 6/4, 6/1

DOUBLE MESSIEURS

1/8 de finale : Koolhof-Skupski b. Purcell-Thompson 6/3, 7/6(3), Behar-Pavlasek b. Mektic-Pavic 6/4, 3/6, 7/5 ; Griekspoor-Stevens b. Melo-Peers 7/5, 6/4 ; Bopanna-Ebden b. Pel-Stalder 7/5, 4/6, 7/6(5) ; Krawietz-Puetz b. Gonzalez-Roger-Vasselin 6/4, 3/6, 6/3 ; Murray-Venus b. Nys-Zielinski 6/4, 6/3 ; Lammons-Withrow b. Gille-Vliegen 6/3, 6/4 ; Granollers-Zeballos b. Galloway-Harris 7/6(5), 7/6(6)
1/4 de finale : Koolhof-Skupski b. Behar-Pavlasek 4/6, 6/2, 6/3 ; Bopanna-Ebden b. Griekspoor-Stevens 6/7(3), 7/5, 6/2 ; Krawietz-Puetz b. Murray-Venus 6/4, 6/3 ; Granollers-Zeballos b. Lammons-Withrow 6/4, 7/5
1/2 finales : Koolhof-Skupski b. Bopanna-Ebden 7/5, 6/4 ; Granollers-Zeballos b. Krawietz-Puetz 6/4, 6/3
Finale : Koolhof-Skupski b. Granollers-Zeballos 6/4, 6/4

SIMPLE DAMES (voir tableau)

QUALIFICATIONS SIMPLE DAMES :

3e tour : Hunter b. Hibino 6/3, 6/4 ; Zhao b. Vandeweghe 7/6(4), 6/4 ; Hruncakova b. Tauson 7/5, 4/6, 6/3 ; Stevanovic b. Bassols Ribera 7/5, 7/5 ; Bai b. Brogan 6/3, 6/0 ; Wickmayer b. Siegemund 6/4, 5/7, 6/3 ; Andreeva b. Korpatsch 7/5, 5/7, 6/2 ; Bouzas Maneiro b. Gadecki 6/3, 6/3 ; Kenin b. Townsend 6/3, 6/3 ; Golubic b. Papamichail 6/2, 7/6(5) ; Yuan b. Fruhvirtova 3/6, 6/4, 6/3 ; Juvan b. Kraus 3/6, 6/4, 6/4 ; Minnen b. Semenistaja 6/2, 6/3 ; Waltert b. Arango 6/4, 7/5 ; Naef b. Yastremska 6/2, 3/6, 6/4 ; Stefanini b. Hsieh 6/2, 6/7(3), 7/6(9)

DOUBLE DAMES

1/8 de finale : Dolehide-Zhang b. Wu-Zhu 6/3, 3/6, 6/4 ; Kalashnikova-Shymanovich b. Marozava-Martins 6/4, 7/6(8) ; Hunter-Mertens b. Kolodziejova-Vondrousova WO ; Bains-Lumsden b. Hruncakova-Mihalikova 6/3, 6/7(5), 6/3 ; Garcia-Stefani b. Babos-Flipkens 7/6(8), 6/3 ; Hsieh-Strycova b. Kato-Sutjiadi 7/5, 7/6(4) ; Bouzkova-Sorribes Tormo b. Bondar-Minnen 6/3, 3/6, 6/3 ; Siegemund-Zvonareva b. Gauff-Pegula 6/3, 6/3
1/4 de finale : Dolehide-Zhang b. Kalashnikova-Shymanovich 6/4, 6/1 ; Hunter-Mertens b. Bains-Lumsden 6/2, 6/1 ; Hsieh-Strycova b. Garcia-Stefani 7/6(5), 6/4 ; Bouzkova-Sorribes Tormo b. Siegemund-Zvonareva 7/6(2), 7/5
1/2 finales : Hunter-Mertens b. Dolehide-Zhang 6/1, 6/1 ; Hsieh-Strycova b. Bouzkova-Sorribes Tormo 6/4, 6/1
Finale : Hsieh-Strycova b. Hunter-Mertens 7/5, 6/4

DOUBLE MIXTE

1/2 finales : Pavic-Kichenok b. O'Mara-Nicholls 7/6(6), 4/6, 6/3 ; Vliegen-Xu b. Middelkoop-Sutjiadi 6/1, 3/6, 6/3
Finale : Pavic-Kichenok b. Vliegen-Xu 6/4, 6/7(9), 6/3

HANDISPORT

SIMPLE MESSIEURS

Finale : Oda b. Hewett 6/4, 6/2

SIMPLE DAMES

Finale : De Groot b. Griffioen 6/2, 6/1

Double messieurs

Finale: Hewett-Reid b. Miki-Oda 3/6, 6/0, 6/3

Double dames

Finale: De Groot-Griffioen b. Kamiji-Montjane 6/1, 6/4

INTERNATIONAUX DES ÉTATS-UNIS

FLUSHING MEADOWS
22 AOÛT - 10 SEPTEMBRE
65 000 020 DOLLARS - DUR

SIMPLE MESSIEURS (voir tableau)

Qualifications simple messieurs

3e tour: Couacaud b. Zeppieri 3/6, 6/1, 6/1 ; Droguet b. Coppejans 6/1, 1/6, 7/5 ; Meligeni Alves b. Coria 6/4, 5/7, 7/5 ; Daniel b. Comesana 6/1, 6/4 ; Svajda b. Polmans 6/2, 6/1 ; Gaston b. Klein 1/6, 6/3, 6/1 ; Virtanen b. Shang 7/5, 6/7(2), 6/1 ; Gojo b. Machac 7/6(5), 6/2 ; Mensik b. Kolar 7/5, 6/4 ; Shimabukuro b. Broady 6/4, 3/6, 6/3 ; Travaglia b. Cazaux 6/7(4), 6/4, 6/1 ; Skatov b. Duckworth 6/2, 6/2 ; Moreno De Alboran b. De Loore 3/6, 7/6(3), 7/6(12) ; Hsu b. Mayo 7/5, 6/3 ; Stricker b. Tirante 6/2, 6/3 ; Nava b. Spizzirri 6/3, 3/6, 3-1 ab

DOUBLE MESSIEURS

1/8 de finale : Lammons-Withrow b. Koolhof-Skupski 7/6(2), 6/3 ; Bopanna-Ebden b. Cash-Patten 6/4, 6/7(5), 7/6(6) ; Galloway-Olivetti b. Arevalo-Rojer 3/6, 6/4, 6/3 ; Herbert-Mahut b. Granollers- Zeballos 7/6(0), 4/6, 6/4 ; Gonzalez-Molteni b. Griekspoor-Kokkinakis 7/6(4), 6/7(2), 6/3 ; Ram-Salisbury b. McDonald-Mies 6/3, 3/6, 6/2 ; Nys-Zielinski b. Gonzalez Roger Vasselin 6/7(3), 6/1, 6/2 ; Dodig-Krajicek b. Kirkov-Kudla 5/7, 6/4, 7/5

1/4 de finale : Bopanna-Ebden b. Lammons-Withrow 7/6(10), 6/1 ; Herbert-Mahut b. Galloway-Olivetti 7/5, 6/4 ; Ram-Salisbury b. Gonzalez-Molteni 6/4, 6/3 ; Dodig-Krajicek b. Nys-Zielinski 6/4, 2/6, 6/3

1/2 finales : Bopanna-Ebden b. Herbert-Mahut 7/6(3), 6/2 ; Ram-Salisbury b. Dodig-Krajicek 7/5, 3/6

Finale: Ram-Salisbury b. Bopanna-Ebden 2/6, 6/3, 6/4

SIMPLE DAMES (voir tableau)

Qualifications simple dames :

3e tour: Gadecki b. Bektas 6/1, 6/1 ; Jacquemot b. Hartono 7/6(3), 6/1 ; Vickery b. Wickmayer 3-1 ab ; Zvonareva b. Uchijima 7/5, 6/3 ; Minnen b. Scott 6/3, 4/6, 6/2 ; Prozorova b. Zidansek 7/6(11), 3/6, 7/6(8) ; Lys b. Kessler 6/2, 6/1 ; Han b. Mandlik 6/3, 7/5 ; Miyazaki b. Hruncakova 6/3, 4/6, 6/4 ; Siegemund b. Dodin 1/6, 6/0, 6/3 ; Juvan b. Sakatsume 2/6, 7/6(8), 6/4 ; Ruse b. Yastremska 7/6(5), 6/3 ; Crawley b. Birrell 6/3, 6/3 ; Bjorklund b. Raina 6/2, 6/2 ; Wang b. Bassols Ribera 6/2, 6/2 ; Volynets b. Andreeva 6/1, 4/6, 6/2

DOUBLE DAMES

1/8 de finale : Dabrowski-Routliffe b. Stryeova-Vondrousova WO ; Fernandez-Townsend b. Pliskova-Vekic 7/6(3), 6/1 ; Gauff-Pegula b. Kostyuk-Ruse 6/4, 6/1 ; Hsieh-Wang b. Avanesyan-Rakhimova 6/0, 2/6, 6/2 ; Siegemund-Zvonareva b. Montgomery-Ngounoue 6/4, 6/4 ; Azarenka-Haddad Maia b. Kato-Sutjiadi 6/2, 6/0 ; Linette-Pera b. Chang-Parks 7/6(4), 6/2 ; Brady-Stefani b. Maria-Rus 6/3, 3/6, 6/3

1/4 de finale : Dabrowski-Routliffe b. Fernandez-Townsend 2/6, 6/3, 7/6(8) ; Hsieh-Wang b. Gauff-Pegula 7/6(3), 3/6, 6/4 ; Siegemund-Zvonareva b. Azarenka-Haddad Maia 5/7, 7/5, 6/4 ; Brady-Stefani b. Linette-Pera 7/6(1), 3/6, 6/3

1/2 finales: Dabrowski-Routliffe b. Hsieh-Wang 6/1, 7/6(4) ; Siegemund-Zvonareva b. Brady-Stefani 6/4, 6/1

Finale: Dabrowski-Routliffe b. Siegemund-Zvonareva 7/6(9), 6/3

DOUBLE MIXTE

1/2 finales : Pegula-Krajicek b. Townsend-Shelton 6/7(5), 6/1, 10/3 ; Danilina-Heliovaara b. Shibahara-Pavic 7/6(2), 6/4

Finale: Danilina-Heliovaara b. Pegula-Krajicek 6/3, 6/4

HANDISPORT

Simple messieurs

Finale: Hewett b. Reid 6/4, 6/3

Simple dames

Finale: De Groot b. Kamiji 6/2, 6/2

Double messieurs

Finale: Houdet-Sanada b. Miki-Oda

Double dames

Finale: Kamiji-Montjane b. De Groot-Griffioen WO

RÉSULTATS ATP

Adelaide International 1 (Australie)
(1-8 janvier – 642 735 dollars – dur)

1/2 finales : Djokovic (1) b. Medvedev (3) 6/3, 6/4 ; Korda b. Nishioka 7/6[5], 1-0 ab

Finale: Djokovic (1) b. Korda 6/7(8), 7/6(3), 6/4

Pune (Inde)
(2-7 janvier – 713 495 dollars – dur)

1/2 finales: Bonzi b. Van de Zandschulp (2) 7/6(5), 6/7[5], 6/1 ; Griekspoor b. Karatsev 7/6(4), 6/1

Finale: Griekspoor b. Bonzi 4/6, 7/5, 6/3

Auckland (Nouvelle-Zélande)
(9-14 janvier – 713 495 dollars – dur)

1/2 finales: Norrie (2) b. Brooksby 6/3, 6/4 ; Gasquet b. Lestienne WO

Finale: Gasquet b. Norrie (2) 4/6, 6/4, 6/4

Adelaide International 2 (Australie)
(9-14 janvier – 642 735 dollars – dur)

1/2 finales : Bautista Agut (4) b. Kokkinakis 7/6(4), 3/6, 6/3 ; Soonwoo Kwon b. Draper 7/6(6), 6/7(2), 6/3

Finale: Soonwoo Kwon b. Bautista Agut (4) 6/4, 3/6, 7/6(4)

Dallas (États-Unis)
(6-12 février – 822 175 dollars – dur)

1/2 finales : Wu b. Fritz (1) 6/7(3), 7/5, 6/4 ; Isner (5) b. Wolf (6) 3/6, 7/5, 7/6(4)

Finale: Wu b. Isner (5) 6/7(4), 7/6(3), 7/6(12)

Cordoba (Argentine)
(6-12 février – 713 495 dollars – TB)

1/2 finales: Coria (6) b. Ramos Vinolas (3) 6/4, 7/6(2) ; Baez (4) b. Dellien 6/4, 6/4

Finale: Baez (4) b. Coria (6) 6/1, 3/6, 6/3

Montpellier (France)
(6-12 février – 630 705 dollars – dur)

1/2 finales: Cressy b. Rune (1) 7/5, 6/7(3), 7/6(4) ; Sinner (2) b. Fils 7/5, 6/2

Finale: Sinner (2) b. Cressy 7/6(3), 6/3

Rotterdam (Pays-Bas)
(13-19 février - 2 224 460 dollars – dur)

1/2 finales: Medvedev (6) b. Dimitrov 6/1, 6/2 ; Sinner b. Griekspoor 7/5, 7/6(5)

Finale: Medvedev (6) b. Sinner 5/7, 6/2, 6/2

Delray Beach (États-Unis)
(13-19 février – 718 245dollars – dur)

1/2 finales : Fritz (1) b. McDonald 6/3, 7/6(6) ; Kecmanovic (4) b. Albot 7/6(8), 3/6, 6/2

Finale: Fritz (1) b. Kecmanovic (4) 6/0, 5/7, 6/2

Buenos Aires (Argentine)
(13-19 février – 711 600 dollars – TB)

1/2 finales : Alcaraz (1) b. Zapata Miralles 6/2, 6/2 ; Norrie (2) b. Varillas 7/6(5), 6/4

Finale: Alcaraz (1) b. Norrie (2) 6/3, 7/5

Rio de Janeiro (Brésil)
(20-26 février – 2 178 980 dollars – TB)

1/2 finales : Alcaraz (1) b. Jarry 7/6(2), 7/5, 6/0 ; Norrie (2) b. Zapata Miralles 6/2, 3/6, 7/6(3)

Finale: Norrie (2) b. Alcaraz (1) 5/7, 6/4, 7/5

Doha (Qatar)
(20-25 février – 1 485 775 dollars – dur)

1/2 finales : Medvedev (3) b. Auger-Aliassime (2) 6/4, 7/6(7) ; Murray b. Lehecka 6/0, 3/6, 7/6(6)

Finale: Medvedev (3) b. Murray 6/4, 6/4

Marseille (France)
(20-26 février – 784 830 dollars - dur)

1/2 finales: Hurkacz (1) b. Bublik 6/4, 7/6(4) ; Bonzi b. Fils 6/4, 6/4

Finale: Hurkacz (1) b. Bonzi 6/3, 7/6(4)

Dubaï (Emirats Arabes Unis)
(27 février – 4 mars – 3 020 535 dollars – dur)

1/2 finales: Medvedev (3) b. Djokovic (1) 6/4, 6/4 ; Rublev (2) b. Zverev (7) 6/3, 7/6(9)

Finale: Medvedev (3) b. Rublev (2) 6/2, 6/2

Acapulco (Mexique)
(27 février – 4 mars – 2 178 980 dollars – dur)

1/2 finales: Paul (7) b. Fritz (3) 6/3, 6/7(2), 7/6(2) ; De Minaur (8) b. Rune (4) 3/6, 7/5, 6/2

Finale: De Minaur (8) b. Paul (7) 3/6, 6/4, 6/1

Santiago (Chili)
(27 février – 5 mars – 718 245 dollars – TB)

1/2 finales: Etcheverry b. Baez (3) 7/5, 6/3 ; Jarry b. Munar 1/6, 7/6(4), 6/1

Finale: Jarry b. Etcheverry 6/7(5), 7/6(5), 6/2

INDIAN WELLS (ÉTATS-UNIS)

Masters 1000
(8 - 19 mars – 10 143 750 dollars – dur)

1/8 de finale: Alcaraz (1) b. Draper 6/2, 2-0 ab ; Auger-Aliassime (8) b. Paul (17) 3/6, 6/3, 7/6(6) ; Fritz (4) b. Fucsovics 6/4, 6/3 ; Sinner (11) b. Wawrinka 6/1, 6/4 ; Medvedev (5) b. Zverev (12) 6/7(5), 7/6(5), 7/5 ; Davidovich Fokina (23) b. Garin 6/4, 6/4 ; Norrie (10) b. Rublev (6) 6/2, 6/4 ; Tiafoe (14) b. Tabilo 6/4, 6/4

1/4 de finale: Alcaraz (1) b. Auger-Aliassime (8) 6/4, 6/4 ; Sinner (11) b. Fritz (4) 6/4, 4/6, 6/4 ; Medvedev (5) b. Davidovich Fokina (23) 6/3, 7/5 ; Tiafoe (14) b. Norrie (10) 6/4, 6/4

1/2 finales: Alcaraz (1) b. Sinner (11) 7/6(4), 6/3 ; Medvedev (5) b. Tiafoe (14) 7/5, 7/6(4)

Finale: Alcaraz (1) b. Medvedev (5) 6/3, 6/2

MIAMI (ÉTATS-UNIS)

Masters 1000
(22 mars – 2 avril – 10 155 105 dollars – dur)

1/8 de finale: Alcaraz (1) b. Paul (16) 6/4, 6/4 ; Fritz (9) b. Rune (7) 6/3, 6/4 ; Ruusuvuori b. Van de Zandschulp (26) 4/6, 6/4, 7/5 ; Sinner (10) b. Rublev (6) 6/2, 6/4 ; Eubanks b. Mannarino 7/6(2), 7/6(5) ; Medvedev (4) b. Halys 6/4, 6/2 ; Cerundolo (25) b. Sonego 3/6, 6/3, 6/2 ; Khachanov (14) b. Tsitsipas (2) 7/6(4), 6/4

1/4 de finale: Alcaraz (1) b. Fritz (9) 6/4, 6/2 ; Sinner (10) b. Ruusuvuori 6/3, 6/1 ; Medvedev (4) b. Eubanks 6/3, 7/5 ; Khachanov (14) b. Cerundolo (25) 6/3, 6/2

1/2 finales: Sinner (10) b. Alcaraz (1) 6/7(4), 6/4, 6/2 ; Medvedev (4) b. Khachanov (14) 7/6(5), 3/6, 6/3

Finale: Medvedev (4) b. Sinner (10) 7/5, 6/3

Houston (États-Unis)
(3 - 9 avril - 718 245 dollars – TB)

1/2 finales: Tiafoe (1) b. Brouwer 6/4, 6/1 ; Etcheverry (8) b. Hanfmann 6/3, 6/4

Finale: Tiafoe (1) b. Etcheverry (8) 7/6(1), 7/6(6)

Marrakech (Maroc)
(3 - 9 avril - 630 705 dollars – TB)

1/2 finales: Carballes Baena b. Evans 2/6, 6/4, 6/2 ; Muller b. Kotov 7/6(3), 7/5

Finale: Carballes Baena b. Muller 4/6, 7/6(3), 6/2

Estoril (Portugal)
(3 - 9 avril - 630 705 dollars – TB)

1/2 finales : Ruud (1) b. Halys 6/4, 3/6, 7/6(2) ; Kecmanovic (6) b. Cecchinato 6/3, 6/1

Finale: Ruud (1) b. Kecmanovic (6) 6/2, 7/6(3)

MONTE-CARLO (MONACO)

(Masters 1000)
(9 - 16 avril - 6 228 295 euros – TB)

1/8 de finale : Musetti (16) b. Djokovic (1) 4/6, 7/5, 6/4 ; Sinner (7) b. Hurkacz (10) 3/6, 7/6(6), 6/1 ; Medvedev (3) b. Zverev (13) 3/6, 7/5, 7/6(7) ; Rune (6) b. Berrettini WO ; Rublev (5) b. Khachanov (9) 7/6(4), 6/2 ; Struff b. Ruud (4) 6/1, 7/6(6) ; Fritz (8) b. Lehecka 4/6, 6/4, 6/1 ; Tsitsipas (2) b. Jarry 6/3, 6/4

1/4 de finale: Sinner (7) b. Musetti (16) 6/2, 6/2 ; Rune (6) b. Medvedev (3) 6/3, 6/4 ; Rublev (5) b. Struff 6/1, 7/6(5) ; Fritz (8) b. Tsitsipas (2) 6/2, 6/4

1/2 finales : Rune (6) b. Sinner (7)1/6, 7/5, 7/5 ; Rublev (5) b. Fritz (8)5/7, 6/1, 6/3

Finale : Rublev (5) b. Rune (6) 5/7, 6/2, 7/5

Barcelone (Espagne)
(17 - 23 avril - 2 872 435 dollars – TB)

1/2 finales : Alcaraz (1) b. Evans (12) 6/2, 6/2 ; Tsitsipas (2) b. Musetti (9) 6/4, 5/7, 6/3

Finale : Alcaraz (1) b. Tsitsipas (2) 6/3, 6/4

Munich (Allemagne)
(17 - 23 avril - 630 705 dollars – TB)

1/2 finales : Rune (1) b. O'Connell 6/3, 6/2 ; Van de Zandschulp (4) b. Fritz (2) 6/4, 7/6(2)

Finale : Rune (1) b. Van de Zandschulp (4) 6/4, 1/6, 7/6(3)

Banja Luka (Bosnie-Herzégovine)
(17 - 23 avril - 630 705 dollars – TB)

1/2 finales : Rublev (2) b. Molcan 6/2, 6/4 ; Lajovic b. Kecmanovic (4) 4/6, 7/6(5), 6/4

Finale : Lajovic b. Rublev (2) 6/3, 4/6, 6/4

MADRID (ESPAGNE)

Masters 1000
(26 avril - 7 mai - 8 796 536 dollars – TB)

1/8 de finale : Alcaraz (1) b. Zverev (13) 6/1, 6/2 ; Khachanov (10) b. Rublev (5) 7/6(8), 6/4 ; Altmaier b. Munar 6/3, 6/0 ; Coric (17) b. Davidovich Fokina (29) 6/7(5), 6/3, 7/6(5) ; Struff b. Cachin 7/6(7), 6/7(7), 6/3 ; Tsitsipas (4) b. Zapata Miralles 6/3, 6/1 ; Zhang b. Fritz (8) 3/6, 7/6(5), 7/6(8) ; Karatsev b. Medvedev (2) 7/6(1), 6/4

1/4 de finale : Alcaraz (1) b. Khachanov (10) 6/4, 7/5 ; Coric (17) b. Altmaier 6/3, 6/3 ; Struff b. Tsitsipas (4) 7/6(5), 5/7, 6/3 ; Karatsev b. Zhang 7/6(3), 6/4

1/2 finales : Alcaraz (1) b. Coric (17) 6/4, 6/3 ; Struff b. Karatsev 4/6, 6/3, 6/4

Finale : Alcaraz (1) b. Struff 6/4, 3/6, 6/3

ROME (ITALIE)

Masters 1000
(10 - 21 mai - 8 637 966 dollars – TB)

1/8 de finale : Djokovic (1) b. Norrie (13) 6/3, 6/4 ; Rune (7) b. Popyrin 6/4, 5/7, 6/4 ; Ruud (4) b. Djere 6/1, 6/3 ; Cerundolo (24) b. Sinner (8) 6/7(3), 6/2, 6/2 ; Hanfmann b. Rublev (6) 7/6(5), 4/6, 6/3 ; Medvedev (3) b. Zverev (19) 6/2, 7/6(3) ; Tsitsipas (5) b. Musetti (18) 7/5, 7/5 ; Coric (15) b. Marozsan 3/6, 6/4, 6/3

1/4 de finale : Rune (7) b. Djokovic (1)6/2, 4/6, 6/2 ; Ruud (4) b. Cerundolo (24) 7/6(5), 6/4 ; Medvedev (3) b. Hanfmann 6/2, 6/2 ; Tsitsipas (5) b. Coric (15) 6/3, 6/4

1/2 finales : Rune (7) b. Ruud (4) 6/7(2), 6/4, 6/2 ; Medvedev (3) b. Tsitsipas (5) 7/5, 7/5

Finale : Medvedev (3) b. Rune (7) 7/5, 7/5

Genève (Suisse)
(21 - 27 mai - 630 705 dollars- TB)

1/2 finales : Jarry b. Zverev (3) 7/6(3), 6/3 ; Dimitrov (4) b. Fritz (2) 3/6, 7/5, 7/6(2)

Finale : Jarry b. Dimitrov (4) 7/6'1), 6/1

Lyon (France)
(21 - 27 mai - 630 705 dollars- TB)

1/2 finales : Fils b. Nakashima (8) 7/5, 4/6, 7/6(5) ; Cerundolo (4) b. Norrie (2) 6/3, 6/0

Finale : Fils b. Cerundolo (4) 6/3, 7/5

Stuttgart (Allemagne)
(12 – 18 juin – 795 730 euros - Herbe)

1/2 finales : Tiafoe (3) b. Fucsovics 6/3, 7/6(11) ; Struff b. Hurkacz (4) 3/6, 6/3, 6/3

Finale : Tiafoe (3) b. Struff 4/6, 7/6(1), 7/6(8)

Bois-le-Duc (Pays-Bas)
(12 – 18 juin – 750 950 euros - Herbe)

1/2 finales : Griekspoor (6) b. Ruusuvuori 6/4, 7/5 ; Thompson b. Hijikata 7/6(5), 6/3

Finale : Griekspoor (6) b. Thompson 6/7(4), 7/6(3), 6/3

Queen's (Grande-Bretagne)
(19 – 25 juin – 2 345 130 euros - Herbe)

1/2 finales : Alcaraz (1) b. Korda 6/3, 6/4 ; De Minaur (7) b. Rune (2) 6/3, 7/6(2)

Finale : Alcaraz (1) b. De Minaur (7) 6/4, 6/4

Halle (Allemagne)
(19 – 25 juin – 2 345 130 euros - Herbe)

1/2 finales : Rublev (3) b. Bautista Agut (8) ; Bublik b. Zverev (9) 6/3, 7/5

Finale : Bublik b. Rublev (3) 6/3, 3/6, 6/3

Majorque (Espagne)
(24 juin – 1er juillet – 984 805 euros - Herbe)

1/2 finales : Mannarino (4) b. Hanfmann 7/6(4), 6/4 ; Eubanks b. Harris 4/6, 6/3, 7/6(9)

Finale : Eubanks b. Mannarino (4) 6/1, 6/4

Eastbourne (Grande-Bretagne)
(26 juin – 1er juillet – 791 545 euros - Herbe)

1/2 finales : Paul (2) b. Barrère 6/4, 6/3 ; Cerundolo (4) b. McDonald 2/6, 7/5, 6/2

Finale : Cerundolo (4) b. Paul (2) 6/4, 1/6, 6/4

Newport (États-Unis)
(17 – 23 juillet – 718 245 dollars - Herbe)

1/2 finales : Mannarino (2) b. Humbert (3) 6/4, 6/3 ; Michelsen b. Isner 7/6(6), 6/4

Finale : Mannarino (2) b. Michelsen 6/2, 6/4

Gstaad (Suisse)
(17 – 23 juillet – 630 705 euros - TB)

1/2 finales : Ramos-Vinolas b. Kecmanovic (2) 6/2, 6/3 ; Cachin b. Medjedovic 6/3, 6/1

Finale : Cachin b. Ramos-Vinolas 3/6, 6/0, 7/5

Bastad (Suède)
(17 – 23 juillet – 630 705 euros - TB)

1/2 finales : Ruud (1) b. Musetti (3) 6/3, 7/5 ; Rublev (2) b. Cerundolo (4) 7/6(6), 6/7(7), 6/3

Finale : Rublev (2) b. Ruud (1) 7/6(3), 6/0

Hambourg (Allemagne)
(24 – 30 juillet – 1 981 470 euros - TB)

1/2 finales : Zverev (4) b. Fils 6/2, 6/4 ; Djere b. Zhang 6/3, 6/2

Finale : Zverev (4) b. Djere 7/5, 6/3

Atlanta (États-Unis)
(24 – 30 juillet – 822 175 dollars - Dur)

1/2 finales : Fritz (1) b. Wolf (8) 6/3, 7/5 ; Vukic b. Humbert (7) 3/6, 7/6(2), 7/5

Finale : Fritz (1) b. Vukic 7/5, 6/7(5), 6/4

Umag (Croatie)
(24 – 30 juillet – 630 705 euros -TB)

1/2 finales : Wawrinka (6) b. Sonego (2) 6/3, 6/4 ; Popyrin b. Arnaldi (7) 6/7(2), 7/5, 6/3

Finale : Popyrin b. Wawrinka (6) 6/7(5), 6/3, 6/4

Washington (États-Unis)
(31 juillet – 6 août – 2 178 980 dollars - Dur)

1/2 finales : Griekspoor (12) b. Fritz (1) 3/6, 6/3, 6/2 ; Evans (9) b. Dimitrov (5) 6/3, 7/6(4)

Finale : Evans (9) b. Griekspoor (12) 7/5, 6/3

Los Cabos (Mexique)
(31 juillet – 5 août – 946 975 dollars - Dur)

1/2 finales : Tsitsipas (1) b. Coric (4) 6/3, 6/2 ; De Minaur (5) b. Koepfer (7) 6/2, 6/7(5), 6/1

Finale : Tsitsipas (1) b. De Minaur (5) 6/3, 6/4

Kitzbühel (Autriche)
(31 juillet – 5 août – 630 705 euros - TB)

1/2 finales : Baez b. Etcheverry (1) 7/6(5), 3/6, 6/4 ; Thiem b. Djere (5) 6/7(3), 7/5, 7/6(8)

Finale : Baez b. Thiem 6/3, 6/1

TORONTO (CANADA)

Masters 1000
(7 – 13 août – 7 622 925 dollars – Dur)

1/8 de finale : Alcaraz (1) b. Hurkacz (15) 3/6, 7/6(2), 7/6(3) ; Paul (12) b. Giron 6/3, 6/2 ; Monfils b. Vukic 6/4, 6/4 ; Sinner (7) b. Murray WO ; McDonald b. Raonic 6/3, 6/3 ; Davidovich Fokina b. Ruud (3) 7/6(4), 4/6, 7/6(4) ; De Minaur b. Fritz (8) 7/6(7), 4/6, 6/1 ; Medvedev (2) b. Musetti (16) 6/4, 6/4

1/4 de finale : Paul (12) b. Alcaraz (1) 6/3, 4/6, 6/3 ; Sinner (7) b. Monfils 6/4, 4/6, 6/3 ; Davidovich Fokina b. McDonald 6/4, 6/2 ; De Minaur b. Medvedev (2) 7/6(7), 7/5

1/2 finales : Sinner (7) b. Paul (12) 6/4, 6/4 ; De Minaur b. Davidovich Fokina 6/1, 6/3

Finale : Sinner (7) b. De Minaur 6/4, 6/1

Cincinnati (États-Unis)
(13 - 20 août – 7 665 215 dollars – Dur)

1/8 de finale : Alcaraz (1) b. Tommy Paul (14) 7/6(6), 6/7(0), 6/3 ; Purcell b. Wawrinka 6/4, 6/2 ; Hurkacz b. Tsitsipas (4) 6/3, 6/4 ; Popyrin b. Ruusuvuori 6/2, 1/6, 6/3 ; Mannarino b. McDonald 6/4, 3-0 ab ; Zverev (16) b. Medvedev (3) 6/4, 5/7, 6/4 ; Fritz (9) b. Lajovic 5-0 ab ; Djokovic (2) b. Monfils 6/3 6/2

1/4 de finale : Alcaraz (1) b. Purcell 4/6, 6/3, 6/4 ; Hurkacz b. Popyrin 6/1, 7/6(8) ; Zverev (16) b. Mannarino 6/2, 6/3 ; Djokovic (2) b. Fritz (9) 6/0, 6/4

1/2 finales : Alcaraz (1) b. Hurkacz 2/6, 7/6(4), 6/3 ; Djokovic (2) b. Zverev (16) 7/6(5), 7/5

Finale : Djokovic (2) b. Alcaraz (1) 5/7, 7/6(7), 7/6(4)

Winston-Salem (États-Unis)
(20 – 26 août – 850 680 dollars – Dur)

1/2 finales : Baez (6) b. Coric (1) 6/3, 6/7(4), 7/6(2) ; Lehecka (5) b. Korda (3) WO

Finale : Baez (6) b. Lehecka (5) 6/4, 6/3

Chengdu (Chine)
(20 – 26 septembre – 1 261 555 dollars – Dur)

1/2 finales : Zverev (1) b. Dimitrov (3) 6/3, 7/6(2) ; Safiullin b. Musetti (2) 6/3, 6/4

Finale : Zverev (1) b. Safiullin 6/7(2), 7/6(5), 6/3

Zhuhai (Chine)
(20 – 26 septembre – 1 057 295 dollars – Dur)

1/2 finales : Khachanov (1) b. Korda (4) 7/5, 6/4 ; Nishioka (8) b. Karatsev 6/4, 6/4

Finale : Khachanov (1) b. Nishioka (8) 7/6(2), 6/1

RÉSULTATS WTA

Adélaïde 1 (Australie)
(1 - 8 janvier - 826 837 dollars – Dur)

1/2 finales : Noskova b. Jabeur (1) 6/3, 1/6, 6/3 ; Sabalenka (2) b. Begu 6/3, 6/2

Finale : Sabalenka (2) b. Noskova 6/3, 7/6(4)

Auckland (Nouvelle-Zélande)
1 - 8 janvier - 259 303 dollars - Dur

1/2 finales : Masarova b. Bonaventure 6/3, 6/3 ; Gauff (1) b. Kovinic (7) 6/0, 6/2

Finale : Gauff (1) b. Masarova 6/1, 6/1

Adélaïde 2 (Australie)
9 - 14 janvier - 780 637 dollars - Dur

1/2 finales : Bencic (8) b. Kudermetova (6) WO ; Kasatkina (5) b. Badosa (9) WO

Finale : Bencic (8) b. Kasatkina (5) 6/0, 6/2

Hobart (Australie)
9 - 14 janvier - 259 303 dollars - Dur

1/2 finales : Davis b. Blinkova 6/3, 6/3 ; Cocciaretto b. Kenin 7/5, 4/6, 6/1

Finale : Davis b. Cocciaretto 7/6(0), 6/2

Lyon (France)
30 janvier - 5 février - 259 303 dollars - Dur

1/2 finales : Garcia (1) b. Osorio 6/2, 6/2 ; Parks b. Zanevska 6/3, 7/6(4)

Finale : Parks b. Garcia (1) 7/6(7), 7/5

Cali (Colombie)
30 janvier - 5 février - 115 000 dollars - TB

1/2 finales : Podoroska b. Arango 6/4, 6/1 ; Ormaechea b. Pigossi (2) 7/5, 6/3

Finale : Podoroska b. Ormaechea 6/4, 6/2

Hua Hin (Thaïlande)
30 janvier - 5 février - 259 303 dollars - Dur

1/2 finales : Tsurenko b. Andreescu (1) 7/5, 4-0 ab ; Zhu b. Wang (7) 6/2, 6/4

Finale : [illegible] 6/4, 6/4

Abu Dhabi (Emirats Arabes Unis)
6 -12 février - 780 637 dollars - Dur

1/2 finales : Samsonova (8) b. Zheng 6/4, 1/6, 6/4 ; Bencic (2) b. Haddad Maia (6) 6/2, 6/3

Finale : Bencic (2) b. Samsonova (8)1/6, 7/6(8), 6/4

Linz (Autriche)
6 -12 février - 259 303 dollars - Dur

1/2 finales : Martic (6) b. Sakkari (1) 3/6, 6/3, 6/4 ; Potapova (8) b. Vondrousova 6/1, 6/7(4), 6/3

Finale : Potapova (8) b. Martic (6) 6/3, 6/1

Doha (Qatar)
(13 -18 février - 780 637 dollars – Dur)

1/2 finales : Swiatek (1) b. Kudermetova (8) 6/0, 6/1 ; Pegula (2) b. Sakkari (5) 6/2, 4/6, 6/1

Finale : Swiatek (1) b. Pegula (2) 6/3, 6/0

Dubaï (Emirats arabes unis)
WTA 1000
(19 – 25 février 2 700 468 dollars- Dur)

1/8 de finale : Swiatek (1) b. Samsonova (14) 6/1, 6/0 ; Pliskova b. Kalinina 7/5, 6/7(6), 6/2 ; Keys b. Azarenka (15) 6/2, 6/1 ; Gauff (5) b. Rybakina (9) WO ; Muchova b. Bencic 6/1, 6/4 ; Pegula (3) b. Bogdan 6/4, 6/3 ; Krejcikova b. Kvitova (12) 6/3, 6/2 ; Sabalenka (2) b. Ostapenko (13) 2/6, 6/1, 6/1

1/4 de finale : Swiatek (1) b. Pliskova WO ; Gauff (5) b. Keys 6/2, 7/5 ; Pegula (3) b. Muchova WO ; Krejcikova b. Sabalenka (2) 0/6, 7/6(2), 6/1

1/2 finales : Swiatek (1) b. Gauff (5) 6/4, 6/2 ; Krejcikova b. Pegula (3) 6/1, 5/7, 6/0

Finale : Krejcikova b. Swiatek (1) 6/4, 6/2

Merida (Mexique)
(20 – 26 février – 259 303 dollars- Dur)

1/2 finales : Giorgi b. Siniakova (4) 7/5, 7/6(2) ; Peterson b. McNally 6/2, 6/7(4), 6/4

Finale : Giorgi b. Peterson 7/6(3), 1/6, 6/2

Austin (États-Unis)
(20 – 26 février – 259 303 dollars- Dur)

1/2 finales : Gracheva b. Volynets 6/4, 5/7, 6/4 ; Kostyuk (8) b. Collins (4) 6/4, 6/3

Finale : Kostyuk (8) b. Gracheva 6/3, 7/5

Monterrey (Mexique)
(27 février – 5 mars – 259 303 dollars – Dur)

1/2 finales : Garcia (1) b. Mertens (4) 6/3, 6/4 ; Vekic (3) b. Zhu (5) 7/5, 6/2

Finale : Vekic (3) b. Garcia (1) 6/4, 3/6, 7/5

Indian Wells (États-Unis)
WTA 1000
(8 – 19 mars – 8 800 000 dollars – Dur)

1/8 de finale : Swiatek (1) b. Raducanu 6/3, 6/1 ; Cirstea b. Garcia (5) 6/4, 4/6, 7/5 ; Muchova b. Vondrousova 6/4, 6/7(2), 6/4 ; Rybakina (10) b. Gracheva 6/3, 6/0 ; Sakkari (7) b. Pliskova (17) 6/4, 5/7, 6/3 ; Kvitova (15) b. Pegula (3) 6/2, 3/6, 7/6(11) ; Gauff (6) b. Peterson 6/3, 1/6, 6/4 ; Sabalenka (2) b. Krejcikova (16) 6/3, 2/6, 6/4

1/4 de finale : Swiatek (1) b. Cirstea 6/2, 6/3 ; Rybakina (10) b. Muchova 7/6(4), 2/6, 6/4 ; Sakkari (7) b. Kvitova (15) 4/6, 7/5, 6/1 ; Sabalenka (2) b. Gauff (6) 6/4, 6/0

1/2 finales : Rybakina (10) b. Swiatek (1) 6/2, 6/2 ; Sabalenka (2) b. Sakkari (7) 6/2, 6/3

Finale : Rybakina (10) b. Sabalenka (2) 7/6(11), 6/4

Miami (États-Unis)
WTA 1000
(21 mars – 2 avril - 8 800 000 dollars – Dur)

1/8 de finale : Trevisan (25) b. Ostapenko (24) 6/3, 6/3 ; Rybakina (10) b. Mertens 6/4, 6/3 ; Pegula (3) b. Linette (20) 6/1, 7/5 ; Potapova (27) b. Zheng (23) 6/4, 7/6(4) ; Alexandrova (18) b. Andreescu 7/6(0), 0-2 ab ; Kvitova (15) b. Gracheva 7/5, 7/6(5) ; Cirstea b. Vondrousova 7/6(3), 6/4 ; Sabalenka (2) b. Krejcikova (16) 6/3, 6/2

1/4 de finale : Rybakina (10) b. Trevisan (25) 6/3, 6/0 ; Pegula (3) b. Potapova (27) 4/6, 6/3, 7/6(2) ; Kvitova (15) b. Alexandrova (18) 6/4, 3/6, 6/3 ; Cirstea b. Sabalenka (2) 6/4, 6/4

1/2 finales : Rybakina (10) b. Pegula (3) 7/6(3), 6/4 ; Kvitova (15) b. Cirstea 7/5, 6/4

Finale : Kvitova (15) b. Rybakina (10) 7/6(14), 6/2

San Luis Potosi (Mexique)
(27 mars – 2 avril – 115 000 dollars – TB)

1/2 finales : Cocciaretto (1) b. Avanesyan 6/7(2), 6/1, 6/2 ; Errani (7) b. Juvan 1/6, 6/4, 6/2

Finale : Cocciaretto (1) b. Errani (7) 5/7, 6/4, 7/5

Charleston (États-Unis)
(3 – 9 avril – 780 637 dollars – TB)

1/2 finales : Bencic (4) b. Pegula (1) 7/5, 7/6(5) ; Jabeur (2) b. Kasatkina (3) 7/5, 7/5

Finale : Jabeur (2) b. Bencic (4) 7/6(6), 6/4

Bogota (Colombie)
(3 – 9 avril – 259 303 dollars – TB)

1/2 finales : Stearns b. Rakhimova (4) 3/6, 6/2, 6/2 ; Maria (2) b. Jones 6/3, 6/4

Finale : Maria (2) b. Stearns 6/3, 2/6, 6/4

Stuttgart (Allemagne)
(17 – 23 avril – 780 637 dollars – TB)

1/2 finales : Swiatek (1) b. Jabeur (3) 3-0 ab ; Sabalenka (2) b. Potapova 6/1, 6/2

Finale : Swiatek (1) b. Sabalenka (2) 6/3, 6/4

Madrid (Espagne)
WTA 1000
(25 avril – 7 mai – 7 652 174 dollars – TB)

1/8 de finale : Swiatek (1) b. Alexandrova (16) 6/4, 6/7(3), 6/3 ; Martic (27) b. Krejcikova (11) 6/3, 7/6(1) ; Pegula (3) b. Trevisan (18) 6/3, 2/6, 6/3 ; Kudermetova (12) b. Kasatkina (8) 7/5, 1/6, 7/6(2) ; Sakkari (9) b. Badosa (26) 6/4, 6/4 ; Begu (31) b. Samsonova (14) 6/4, 6/4 ; Sherif b. Mertens (24) 6/4, 0/6, 6/4 ; Sabalenka (2) b. Andreeva 6/3, 6/1

1/4 de finale : Swiatek (1) b. Martic (27) 6/0, 6/3 ; Kudermetova (12) b. Pegula (3) 6/4, 0/6, 6/4 ; Sakkari (9) b. Begu (31) 6/7(3), 6/4, 6/2 ; Sabalenka (2) b. Sherif 2/6, 6/2, 6/1

1/2 finales : Swiatek (1) b. Kudermetova (12) 6/1, 6/1 ; Sabalenka (2) b. Sakkari (9) 6/4, 6/1

Finale : Sabalenka (2) b. Swiatek (1) 6/3, 3/6, 6/3

Saint-Malo (France)
(1 – 7 mai – 115 000 dollars – TB)

1/2 finales : Stephens (1) b. Svitolina 7/5, 7/6(5) ; Minnen b. Volynets 6/3, 6/3

Finale : Stephens (1) b. Minnen 6/3, 6/4

Reus (Espagne)
(2 – 7 mai – 115 000 dollars – TB)

1/2 finales : Cirstea (2) b. Davis (3) 6/4, 7/5 ; Mandlik b. Yastremska 7/5, 4/6, 6/4

Finale : Cirstea (2) b. Mandlik 6/1, 4/6, 7/6(1)

Rome (Italie)
WTA 1000
(9 – 20 mai – 3 572 618 dollars – TB)

1/8 de finale : Swiatek (1) b. Vekic (21) 6/3, 6/4 ; Rybakina (7) b. Vondrousova 6/3, 6/3 ; Badosa b. Muchova 6/4, 6/7(4), 6/2 ; Ostapenko (20) b. Kasatkina (8) 6/4, 4/6, 6/0 ; Kudermetova (11) b. Bouzkova (27) 6/2, 6/2 ; Zheng (22) b. Wang 6/4, 3/6, 6/1 ; Haddad Maia (12) b. Osorio 6/3, 6/3 ; Kalinina (30) b. Keys (19) 2/6, 6/2, 6/4

1/4 de finale : Rybakina (7) b. Swiatek (1) 2/6, 7/6(3), 2-2 ab ; Ostapenko (20) b. Badosa 6/2, 4/6, 6/3 ; Kudermetova (11) b. Zheng (22) 3/6, 6/3, 6/4 ; Kalinina (30) b. Haddad Maia (12) 6/7(2), 7/6(6), 6/3

1/2 finales : Rybakina (7) b. Ostapenko (20) 6/2 ; 6/4 ; Kalinina (30) b. Kudermetova (11) 7/5, 5/7, 6/2

Finale : Rybakina (7) b. Kalinina (30) 6/4, 1-0, ab

Trophée Clarins, Paris (France)

(15 – 21 mai – 115 000 dollars – TB)

1/2 finales : McNally (6) b. Volynets 6/1, 4/6, 6/2 ; Parry b. Gracheva (2) 6/0, 6/2

Finale : Parry b. McNally (6) WO

Florence (Italie)
(15 – 21 mai – 115 000 dollars – TB)

1/2 finales : Paolini (4) b. Bronzetti (8) 7/6(11), 2/6, 6/2 ; Townsend b. Errani (6) 4/6, 7/5, 7/5

Finale : Paolini (4) b. Townsend 6/3, 7/5

Strasbourg (France)
(21 – 27 mai – 259 303 dollars – TB)

1/2 finales : Svitolina b. Burel 4/6, 7/5, 6/3 ; Blinkova b. Davis (7) 6/2, 6/2

Finale : Svitolina b. Blinkova 6/2, 6/3

Radat (Maroc)
(21 – 27 mai – 259 303 dollars – TB)

1/2 finales : Bronzetti b. Stephens (2) 6/1, 6/1 ; Grabher b. Riera 6/1, 3/6, 7/6(6)

Finale : Bronzetti b. Grabher 6/4, 5/7, 7/5

Makarska (Croatie)
(6 – 11 juin – 115 000 dollars – TB)

1/2 finales : Sherif (3) b. Parry (5) 7/5, 6/2 ; Paolini (2) b. Sramkova 6/3, 6/4

Finale : Sherif (3) b. Paolini (2) 2/6, 7/6(5), 7/5

La Bisbal d'Emporda (Espagne)
(6 – 11 juin – 115 000 dollars – TB)

1/2 finales : Rus (7) b. Carle 6/1, 4/6, 6/3 ; Udvardy (3) b. Masarova (1) 6/4, 6/4

Finale : Rus (7) b. Udvardy (3) 7/6(2), 6/3

Bois-le-Duc (Pays-Bas)
(12 – 18 juin – 259 303 dollars – Herbe)

1/2 finales : Kudermetova (1) b. Hruncakova 6/3, 6/2 ; Alexandrova (4) b. Sasnovich (7) 6/1, 7/6(1)

Finale : Alexandrova (4) b. Kudermetova (1) 4/6, 6/4, 7/6(3)

Nottingham (Grande-Bretagne)
(12 – 18 juin – 259 303 dollars – Herbe)

1/2 finales : Burrage b. Cornet 7/5, 7/5 ; Boulter b. Watson 6/4n 7/5

Finale : Boulter b. Burrage 6/3, 6/3

Valence (Espagne)
(12 – 18 juin – 115 000 dollars – TB)

1/2 finales : Bassols Ribera b. Korpatsch 3/6, 6/3, 6/1 ; Sherif (1) b. Podoroska (8) 6/1, 6/3

Finale : Sherif (1) b. Bassols Ribera 6/3, 6/3

Birmingham (Grande-Bretagne)
(19 – 25 juin – 259 303 dollars – Herbe)

1/2 finales : Ostapenko (2) b. Potapova (4) 5/7, 6/2, 6/4 ; Krejcikova (1) b. Zhu 6/3, 6/2

Finale : Ostapenko (2) b. Krejcikova (1) 7/6(8), 6/4

Berlin (Allemagne)
(19 – 25 juin – 780 637 dollars – Herbe)

1/2 finales : Kvitova (7) b. Alexandrova 6/3, 6/4 ; Vekic b. Sakkari (6) 6/4, 7/6(8)

Finale : Kvitova (7) b. Vekic 6/2, 7/6(6)

Gaiba (Italie)
(19 – 25 juin – 115 000 dollars – Herbe)

1/2 finales : Krueger b. Montgomery 6/7(4), 6/4, 6/2 ; Maria (1) b. Danilovic (4) 6/1, 6/3

Finale : Krueger b. Maria (1) 3/6, 6/4, 7/5

Bad Homburg (Allemagne)
(25 juin – 1er juillet – 259 303 dollars – Herbe)

1/2 finales : Bronzetti b. Swiatek (1) WO ; Siniakova b. Navarro 6/2, 6/2

Finale : Siniakova b. Bronzetti 6/2, 7/6(5)

Eastbourne (Grande-Bretagne)
(26 juin – 1er juillet – 780 637 dollars – Herbe)

1/2 finales : Kasatkina (9) b. Giorgi 6/2, 7/5 ; Keys b. Gauff (5) 6/3, 6/3

Finale : Keys b. Kasatkina (9) 6/2, 7/6(13)

Bastad (Suède)
(10 – 15 juillet – 115 000 dollars – TB)

1/2 finales : Danilovic (8) b. Putintseva (2) 6/4, 0/6, 6/2 ; Navarro (1) b. Chirico 6/4, 6/4

Finale : Danilovic (8) b. Navarro (1) 7/6(4), 3/6, 6/3

Contrexéville (France)
(10 – 16 juillet – 115 000 dollars – TB)

1/2 finales : Pavlyuchenkova (8) b. Martincova 6/2, 1-0 ab ; Rus (4) b. Ferro 6/2, 7/5

Finale : Rus (4) b. Pavlyuchenkova (8) 6/3, 6/3

BUDAPEST (HONGRIE)
(17 – 23 JUILLET – 259 303 DOLLARS – TB)

1/2 finales : Baindl b. Liu 7/5, 7/6(3) ; Timofeeva b. Podoroska (9) 7/6(6), 3/6, 6/3

Finale : Timofeeva b. Baindl 6/3, 3/6, 6/0

IASI (ROUMANIE)
(17 – 23 JUILLET – 115 000 DOLLARS – TB)

1/2 finales : Begu (1) b. Zidansek (8) 5/7, 6/4, 6/3 ; Bogdan (2) b. Serban 6/3, 4/6, 6/3

Finale : Bogdan (2) b. Begu (1) 6/2, 6/3

PALERME (ITALIE)
(17 – 23 JUILLET – 259 303 DOLLARS – TB)

1/2 finales : Zheng (2) b. Sherif (3) 6/4, 4/6, 6/1 ; Paolini (5) b. Sorribes Tormo 7/6 (6), 6/0

Finale : Zheng (2) b. Paolini (5) 6/4, 4/6, 6/1

HAMBOURG (ALLEMAGNE)
(23 – 29 JUILLET – 259 303 DOLLARS – TB)

1/2 finales : Noha Akugue b. Shnaider ; Rus (7) b. Saville 2/6, 6/3, 6/1

Finale : Rus (7) b. Noha Akugue 6/0, 7/6(3)

LAUSANNE (SUISSE)
(24 – 30 JUILLET – 259 303 DOLLARS – TB)

1/2 finales : Burel b. Parry (9) 4/6, 7/6(2), 6/3 ; Cocciaretto (2) b. Bondar 6/7(3), 7/6(6), 7/5

Finale : Cocciaretto (2) b. Burel 7/5, 4/6, 6/4

VARSOVIE (POLOGNE)
(24 – 30 JUILLET – 259 303 DOLLARS – DUR)

1/2 finales : Swiatek (1) b. Wickmayer 6/1, 7/6(6) ; Siegemund b. Maria 5/7, 6/3, 6/4

Finale : Swiatek (1) b. Siegemund 6/0, 6/1

WASHINGTON (ÉTATS-UNIS)
(31 JUILLET – 6 AOÛT – 780 637 DOLLARS – DUR)

1/2 finales : Gauff (3) b. Samsonova (8) 6/3, 6/3 ; Sakkari (4) b. Pegula (1) 6/3, 4/6, 6/2

Finale : Gauff (3) b. Sakkari (4) 6/2, 6/3

PRAGUE (RÉPUBLIQUE TCHÈQUE)
(31 JUILLET – 6 AOÛT – 259 303 DOLLARS – DUR)

1/2 finales : Hibino b. Cristian 6/4, 6/7(2) ; Noskova (4) b. Korpatsch 6/1, 6/1

Finale : Hibino b. Noskova (4) 6/4, 6/1

KOZERKI (POLOGNE)
(7 – 12 AOÛT – 115 000 DOLLARS – DUR)

1/2 finales : Minnen (4) b. Chwalinska 6/4, 6/3 ; Yastremska (8) b. Sonmez 7/6(2), 6/4

Finale : Yastremska (8) b. Minnen (4) 2/6, 6/1, 6/3

MONTRÉAL (CANADA)
WTA 1000
(7 – 13 AOÛT – 2 788 468 DOLLARS – DUR)

1/8 de finale : Swiatek (1) b. Muchova (14) 6/1, 4/6, 6/4 ; Collins b. Fernandez 6/2, 6/3 ; Pegula (4) b. Paolini 6/4, 6/0 ; Gauff (6) b. Vondrousova (9) 6/3, 6/0 ; Kasatkina (10) b. Bouzkova 6/3, 6/4 ; Rybakina (3) b. Stephens 6/3, 6/3 ; Bencic (12) b. Kvitova (7) 6/7(3), 6/3, 6/1 ; Samsonova (15) b. Sabalenka (2) 7/6(2), 4/6, 6/3

1/4 de finale : Swiatek (1) b. Collins 6/3, 4/6, 6/2 ; Pegula (4) b. Gauff (6) 6/2, 5/7, 7/5 ; Rybakina (3) b. Kasatkina (10) 5/7, 7/5, 7/6(8) ; Samsonova (15) b. Bencic (12) 6/4, 6/4 ;

1/2 finales : Pegula (4) b. Swiatek (1) 6/2, 6/7(4), 6/4 ; Samsonova (15) b. Rybakina (3) 1/6, 6/1, 6/2

Finale : Pegula (4) b. Samsonova (15) 6/1, 6/0

STANFORD (ÉTATS-UNIS)
(14 – 19 AOÛT – 160 000 DOLLARS – DUR)

1/2 finales : Wang b. Uchijima 6/3, 5/7, 7/5 ; Rakhimova (2) b. Yuan 6/3, 6/7(10), 6/3

Finale : Wang b. Rakhimova (2) 6/2, 6/0

BARRANQUILLA (COLOMBIE)
(14 – 19 AOÛT – 115 000 DOLLARS – DUR)

1/2 finales : Ferro b. Schmiedlova (2) 4/6, 6/4, 6/2 ; Maria (1) b. Lepchenko 6/0, 6/2

Finale : Maria (1) b. Ferro 6/1, 6/2

CINCINNATI (ÉTATS-UNIS)
WTA 1000
(14 – 20 AOÛT – 2 788 468 DOLLARS – DUR)

1/8 de finale : Swiatek (1) b. Zheng 3/6, 6/1, 6/1 ; Vondrousova (10) b. Stephens 7/5, 6/3 ; Paolini b. Rybakina (4) 4/6, 5-2 ab ; Gauff (7) b. Noskova 6/4, 6/0 ; Muchova b. Sakkari (8) 6/3, 2/6, 6/3 ; Bouzkova b. Pegula (3) 6/4, 6/0 ; Jabeur (5) b. Vekic 5-2 ab ; Sabalenka (2) b. Kasatkina (14) 6/3, 6/3

1/4 de finale : Swiatek (1) b. Vondrousova (10) 7/6(3), 6/1 ; Gauff (7) b. Paolini 6/3, 6/2 ; Muchova b. Bouzkova 3-0 ; Sabalenka (2) b. Jabeur (5) 7/5, 6/3

1/2 finales : Gauff (7) b. Swiatek (1) 7/6(2), 3/6, 6/4 ; Muchova b. Sabalenka (2) 6/7(4), 6/3, 6/2

Finale : Gauff (7) b. Muchova 6/3, 6/4

CLEVELAND (ÉTATS-UNIS)
(20 – 26 AOÛT – 271 363 DOLLARS – DUR)

1/2 finales : Sorribes Tormo b. Maria 6/4, 6/3 ; Alexandrova (4) b. Zhu 7/5, 6/2

Finale : Sorribes Tormo b. Alexandrova (4) 3/6, 6/4, 6/4

CHICAGO (ÉTATS-UNIS)
(21 – 26 AOÛT – 115 000 DOLLARS – DUR)

1/2 finales : Tomova b. Bronzetti (5) 7/6(3), 3/6, 6/1 ; Liu b. Bucsa 2-1 ab

Finale : Tomova b. Liu 6/1, 6/4

BARI (ITALIE)
(4 – 10 SEPTEMBRE – 115 000 DOLLARS – TB)

1/2 finales : Zidansek (5) b. Cornet (1) 7/6(3), 6/4 ; Sramkova b. Fett 7/5, 6/3

Finale : Zidansek (5) b. Sramkova 3/6, 7/5, 6/1

SAN DIEGO (ÉTATS-UNIS)
(11 – 16 SEPTEMBRE – 780 637 DOLLARS – DUR)

1/2 finales : Kenin b. Navarro 6/2, 5/7, 6/4 ; Krejcikova (4) b. Collins 3/6, 7/5, 6/2

Finale : Krejcikova (4) b. Kenin 6/4, 2/6, 6/4

BUCAREST (ROUMANIE)
(11 – 17 SEPTEMBRE – 115 000 DOLLARS – TB)

1/2 finales : Sharma b. Cristian (3) 6/2, 2/6, 6/2 ; Errani (4) b. Semenistaja (8) 6/3, 6/3

Finale : Sharma b. Errani (4) 0/6, 7/5, 6/2

OSAKA (JAPON)
(11 – 17 SEPTEMBRE – 259 303 DOLLARS – DUR)

1/2 finales : Zhu (1) b. Wang (3) 7/5, 7/6(6) ; Krueger b. Hontama 6/3, 6/3

Finale : Krueger b. Zhu (1) 6/3, 7/6(6)

LJUBLJANA (SLOVÉNIE)
(11 – 17 SEPTEMBRE – 115 000 DOLLARS – TB)

1/2 finales : Bassols Ribera (5) b. Bulgaru 7/5, 7/5 ; Sonmez b. Zidansek (4) 6/2, 6/3

Finale : Bassols Ribera (5) b. Sonmez 6/0, 7/6(2)

GUADALAJARA (MEXIQUE)
WTA 1000
(17 – 23 SEPTEMBRE – 2 788 468 DOLLARS – DUR)

1/8 de finale : Trevisan b. Jabeur (1) 6/7(4), 7/5, 6/3 ; Dolehide b. Alexandrova (8) 6/1, 6/2 ; Fernandez b. Navarro 6/2, 6/3 ; Kenin b. Ostapenko (6) 6/4, 7/5 ; Azarenka (10) b. Kudermetova (7) 6/2, 6/1 ; Garcia (3) b. Baptiste 7/5, 6/4 ; Arango b. Townsend 7/5, 1/6, 6/4 ; Sakkari (2) b. Giorgi 6/2, 6/2

1/4 de finale : Dolehide b. Trevisan 3/6, 7/6(9), 6/3 ; Kenin b. Fernandez 6/4, 6/7(6), 6/1 ; Garcia (3) b. Azarenka (10) 6/3, 6/4 ; Sakkari (2) b. Arango 6/3, 6/4

1/2 finales : Dolehide b. Kenin 7/5, 6/3 ; Sakkari (2) b. Garcia (3) 6/3, 6/0

Finale : Sakkari (2) b. Dolehide 7/5, 6/3

GUANGZHOU (CHINE)
(18– 23 SEPTEMBRE – 259 303 DOLLARS – DUR)

1/2 finales : Wang b. Minnen (7) 6/3, 6/4 ; Linette (1) b. Putintseva 6/2, 6/3

Finale : Wang b. Linette (1) 6/0, 6/2

PARME (ITALIE)
(18– 23 SEPTEMBRE – 115 000 DOLLARS – TB)

1/2 finales : Schmiedlova (1) b. Kawa 7/5, 7/5 ; Bogdan (2) b. Bondar (7) 6/3, 6/4

Finale : Bogdan (2) b. Schmiedlova (1) 7/5, 6/1

TOKYO (JAPON)
(25 SEPTEMBRE – 1ER OCTOBRE – 780 637 DOLLARS – DUR)

1/2 finales : Pegula (2) b. Sakkari (4) 6/2, 6/3 ; Kudermetova (8) b. Pavlyuchenkova 7/6(6), 6/7(2), 6/3

Finale : Kudermetova (8) b. Pegula (2) 7/5, 6/1

NINGBO (CHINE)
(25 – 30 SEPTEMBRE – 259 303 DOLLARS – DUR)

1/2 finales : Jabeur (1) b. Podoroska 6/3, 1/6, 6/2 ; Shnaider b. Fruhvirtova 6/4, 6/1

Finale : Jabeur (1) b. Shnaider 6/2, 6/1

COMPÉTITIONS PAR ÉQUIPES

UNITED CUP
(29 DÉCEMBRE – 8 JANVIER – BRISBANE-PERTH-SIDNEY)

1/2 finales

Italie b. Grèce : Bronzetti b. Grammatikopoulou 6/2, 6/3 ; S.Tsitsipas b. Berrettini 4/6, 7/6(2), 6/4 ; Rosatello-Vavassori b. Grammatikopoulou-P. Tsitsipas

États-Unis b. Pologne : Fritz b. Hurkacz 7/6(5), 7/6(5) ; Keys b. Linette 6/4, 6/2 ; Pegula-Fritz b. Rosolska-Kubot 6/7(5), 6/4, 10-6

Finale

États-Unis b. Italie : Fritz b. Berrettini 7/6(4), 7/6(6) ; Keys b. Bronzetti 6/3, 6/2 ; Pegula b. Trevisan 6/4, 6/2 ; Tiafoe b. Musetti 6/2, ab

LAVER CUP
(22 – 24 SEPTEMBRE – VANCOUVER)

1er jour : Shelton b. Fils 7/6(4), 6/1 ; Cerundolo b. Davidovich Fokina 6/3, 7/5 ; Auger-Aliassime b. Monfils 6/4, 6/3 ; Tiafoe – Paul b. Rublev – Fils 6/3, 4/6, 10-6

2e jour : Fritz b. Rublev 6/2, 7/6(3) ; Ruud b. Paul 7/6(6), 6/2 ; Tiafoe b. Hurkacz 7/5, 6/3 ; Auger-Aliassime – Shelton b. Hurkacz – Monfils 7/5, 6/4

3e jour : Shelton – Tiafoe 7/6(4), 7/6(5)

L'équipe Monde bat l'équipe Europe 13 à 2

JEUNES

OPEN D'AUSTRALIE

JUNIORS GARÇONS

Finale : Blockx b. Tien 6/1, 2/6, 7/6(9)

JUNIORS FILLES

Finale : Korneeva b. Andreeva 6/7(2), 6/4, 7/5

ROLAND-GARROS

JUNIORS GARÇONS

Finale : Prizmic b. Prado Angelo 6/1, 6/4

JUNIORS FILLES

Finale : Korneeva b. Perez Alarcon 7/6(4), 6/3

WIMBLEDON

JUNIORS GARÇONS

Finale : Searle b. Demin 6/4, 6/4

JUNIORS FILLES

Finale : Ngounoue b. Bartunkova 6/2, 6/2

US OPEN

JUNIORS GARÇONS

Finale : Fonseca b. Tien 4/6, 6/4, 6/3

JUNIORS FILLES

Finale : Hui b. Valentova 6/4, 6/4

CLASSEMENT ATP (18 OCTOBRE 2023)

SIMPLE					DOUBLE
1. **Djokovic** 11045	21. **Jarry** 1732	41. **Popyrin** 1030	61. **Ruusuvuori** 856	81. **Machác** 712	1. **Krajicek** 7950
2. **Alcaraz** 8805	22. **Cerùndolo** 1680	42. **Safiullin** 1007	62. **Gasquet** 850	82. **Rinderknech** 711	2. **Dodig** 7500
3. **Medvedev** 7355	23. **Korda** 1680	43. **Arnaldi** 1000	63. **Berrettini** 832	83. **Munar** 701	3. **Koolhof** 7190
4. **Sinner** 5000	24. **Mannarino** 1481	44. **Nishioka** 995	64. **Carballés** 820	84 **Shevchenko** 699	4. **Skupski** 7190
5. **Rublev** 4765	25. **Grieskpoor** 1475	45. **Shapovalov** 995	65. **Marozsán** 812	85. **Muller** 698	5. **Bopanna** 5720
6. **Rune** 4605	26. **Davidovich** 1460	46. **Wawrinka** 992	66. **Van Assche** 810	86 **Thiem** 688	6. **Ebden** 5720
7. **Tsitsipas** 4360	27. **Struff** 1447	47. **Ofner** 981	67. **Ban De Zandschulp** 785	87. **Halys** 685	7. **Ram** 5655
8. **Ruud** 3685	28. **Báez** 1410	48. **Altmaier** 961	68. **Kokkinakis** 782	88. **Draper** 676	8. **Salisbury** 5642
9. **Zverev** 3460	29. **Humbert** 1400	49. **Bautista** 961	69. **Varillas** 779	89. **Bonzi** 674	9. **Zeballos** 5127
10. **Fritz** 3410	30. **Lehecka** 1357	50. **Karatsev** 933	70. **Hijikata** 769	90. **Stricker** 669	10. **Granollers** 4947
11. **Hurkacz** 2900	31. **Etcheverry** 1341	51. **Lajovic** 933	71. **Cachín** 767	91. **Ramos** 669	11. **Molteni** 4635
12. **Paul** 2705	32. **Eubanks** 1328	52. **Fucsovics** 932	72. **Barrère** 758	92. **Galán** 665	12. **Gonzalez** 4470
13. **De Minaur** 2650	33. **Coric** 1325	53. **Kecmanovic** 930	73. **Watanuki** 756	93. **Lestienne** 658	13. **Roger-Vasselin** 4410
14. **Tiafoe** 2355	34. **Evans** 1301	54. **Vukic** 927	74. **Borges** 748	94. **Garín** 651	14. **Gonzalez** 4320 3523
15. **Khachanov** 2340	35. **Djere** 1180	55. **Sonego** 925	75. **Coria** 748	95. **Kubler** 643	15. **Krawietz** 4027
16. **Dimitrov** 2195	36. **Bublik** 1129	56. **Hanfmann** 908	76. **Gojo** 747	96. **Gaston** 634	
17. **Auger-Aliassime** 2100	37. **McDonald** 1075	57. **Zhang** 897	77. **Wild** 738	97. **Daniel** 633	
18. **Norrie** 1985	38. **Fils** 1061	58. **Wolf** 895	78. **Koepfer** 737	98. **Díaz** 618	
19. **Shelton** 1865	39. **Murray** 1050	59. **O'Connell** 873	79. **Giron** 735	99. **Cerúndolo** 617	
20. **Musetti** 1845	40. **Purcell** 1041	60. **Thompson** 861	80. **Zapata** 721	100. **Broady** 607	

CLASSEMENT WTA (18 OCTOBRE 2023)

SIMPLE					DOUBLE
1. **Sabalenka** 9381	21. **Haddad Maia** 2210	41. **Martic** 1253	61. **Schmiedlová** 967	81. **Bucsa** 852	1. **Mertens** 6690
2. **Swiatek** 8545	22. **Alexandrova** 2035	42. **Nosková** 1247	62. **Bronzetti** 965	82. **Tauson** 852	2. **Sanders** 6205
3. **C. Gauff** 6455	23. **Linette** 1876	43. **Fernandez** 1245	63. **Davis** 953	83. **Kalinskaya** 821	3. **Siniakova** 5815
4. **Pegula** 6050	24. **Ekic** 1845	44. **Dolehide** 1206	64. **Badosa** 948	84. **Rakhimova** 818	4. **Pegula** 5755
5. **Rybakina** 5870	25. **Svitolina** 1809	45. **Gracheva** 1201	65. **Pera** 941	85. **Fruhvirtová** 808	5. **Gauff** 5755
6. **Sakkari** 4475	26. **Cirstea** 1765	46. **Navarro** 1198	66. **Putintseva** 937	86 **Baindl** 803	6. **Krejcikova** 5585
7. **Jabeur** 4195	27. **Kalinina** 1677	47. **Collins** 1192	67. **Masarova** 937	87. **Golubic** 789	7. **Hsieh** 5241
8. **Vondroušová** 3839	28. **Potapova** 1588	48. **Stearns** 1166	68. **Avanesyan** 933	88. **Grabher** 772	8. **Townsend** 5180
9. **Muchová** 3663	29. **Bouzková** 1495	49. **Andreeva** 1158	69. **Frech** 929	89. **Burrage** 767	9. **Dabrowski** 4950
10. **Garcia** 3450	30. **Paolini** 1395	50. **Sherif** 1135	70. **Wang** 926	90. **Sasnovich** 758	10. **Stefani** 4770
11. **Kasatkina** 2915	31. **Kenin** 1391	51. **Rus** 1124	71. **Wickmayer** 921	91. **Siegemund** 754	11. **Krawczyk** 4405
12. **Keys** 2841	32. **Wang** 1388	52. **Blinkova** 1110	72. **Shnaider** 915	92. **Liu** 749	12. **Aoyama** 4300
13. **Krejcíková** 2775	33. **Cocciaretto** 1360	53. **Oulter** 1104	73. **Bogdan** 897	93. **Hibino** 748	13. **Routliffe** 4165
14. **Ostapenko** 2665	34. **Tsurenko** 1340	54. **Parks** 1103	74. **Burel** 895	94. **Wang** 737	14. **Siegemund** 4135
15. **Kvitová** 2660	35. **Zhu** 1331	55. **Sorribes** 1096	75. **Begu** 888	95. **Day** 734	15. **Schuurs** 4065
16. **Bencic** 2605	36. **Mertens** 1294	56. **Giorgi** 1087	76. **Osorio** 883	96. **Zidanšek** 725	
17. **Samsonova** 2595	37. **Plíšková** 1285	57. **Maria** 1080	77. **Podoroska** 875	97. **Cristian** 718	
18. **Kudermetova** 2550	38. **Trevisan** 1282	58. **Pavlyuchenkova** 1044	78. **Andreescu** 868	98. **Tomova** 716	
19. **Zheng** 2275	39. **Stephens** 1270	59. **Minnen** 990	79. **Krueger** 863	99. **Peterson** 709	
20. **Azarenka** 2225	40. **Kostyuk** 1265	60. **Siniaková** 968	80. **Townsend** 854	100. **Mcnally** 709